HERMENÊUTICA

INTERPRETANDO AS ESCRITURAS SAGRADAS

Doris Lemos

INSTITUTO BÍBLICO DAS ASSEMBLÉIAS DE DEUS

©2010, Doris Lemos
Título original:
Hermenêutica - Interpretando as Escrituras Sagradas

2ª Edição 2011

Todos os direitos reservados por
IBAD – Instituto Bíblico das Assembléias de Deus
Rua São João Bosco, 1114 – Santana
12403-010 – Pindamonhangaba, SP
Telefax – (12) 3642-5188
www.ibad.com.br

PROIBIDA A REPRODUÇÃO POR QUAISQUER MEIOS, SALVO EM BREVES CITAÇÕES, COM INDICAÇÃO DA FONTE.

Impresso no Brasil

Coordenação
Reverendo Mark Jonathan Lemos

Todas as citações bíblicas foram extraídas da versão revista e corrigida, salvo indicação ao contrário.

Dados Internacionais de catalogação na publicação (cip)
(Câmara Brasileira do Livro, SP, Brasil)

Lemos, Doris
Hermenêutica: Interpretando as Escrituras Sagradas
Pindamonhangaba: IBAD, 2010
ISBN – 978-85-60068-23-4

Índice para catálogo sistemático
Hermenêutica: Cristianismo: Antigo Testamento, Novo Testamento: Religião

HERMENÊUTICA

INTERPRETANDO AS ESCRITURAS SAGRADAS

Doris Lemos

CURSO DE TEOLOGIA A DISTÂNCIA

INSTITUTO BÍBLICO DAS ASSEMBLÉIAS DE DEUS

Sobre o livro

Categoria – Religião

Fim da execução – Março de 2010
2ª Edição Agosto de 2011

Formato – 16 x 23 cm
Mancha – 12,3 x 19,2 cm

Tipo e corpo: Garamond 10
Papel: SP Bright 70 gramas
Tiragem: 1 mil exemplares

Impresso no Brasil – Printed in Brazil

Equipe de Realização

Produção gráfica: Imprensa da Fé
Supervisão: Mark Jonathan Lemos
Fotolito: MJ Serviços de composição

Produção editorial
Coordenação
Mark Jonathan Lemos

Normatização do Texto
Nardice Barros dos Santos Gregório

Revisão Teológica
Richard Leroy Hoover

Revisão de Português
Sílvia Helena Siqueira

Capa
Felipe Mazzoni

Sumário

APRESENTAÇÃO 7
AGRADECIMENTO 9
COMO ESTUDAR A DISTÂNCIA 11
INTRODUÇÃO 15

UNIDADE I – FUNDAMENTOS DA HERMENÊUTICA BÍBLICA 17
   1. O Valor e a Necessidade da Hermenêutica Bíblica 19
   2. A Interpretação das Escrituras pelos Judeus 25
   3. A Interpretação das Escrituras no Novo Testamento 33
   4. A Hermenêutica Bíblica na História da Igreja – Da Patrística à Reforma 43
   5. A Hermenêutica Bíblica na História da Igreja – Da Pós-Reforma aos Dias Atuais 51

UNIDADE II – A HERMENÊUTICA E OS ESTILOS LITERÁRIOS DA BÍBLIA 57
   1. Questões Hermenêuticas da Lei do Antigo Testamento ... 59
   2. A Hermenêutica das Narrativas do Antigo Testamento ... 67
   3. A Hermenêutica da Literatura Poética e dos Profetas 73

4. Interpretando os Evangelhos 81
5. A Hermenêutica das Epístolas 87

UNIDADE III – SEGUINDO REGRAS NA INTERPRETAÇÃO BÍBLICA 93
1. A Responsabilidade do Intérprete das Escrituras 95
2. Fatores Determinantes sobre a Interpretação Bíblica 101
3. A Primeira e a Segunda Regra Formal da Hermenêutica e sua Aplicação 107
4. A Terceira e a Quarta Regra Formal da Hermenêutica e sua Aplicação 113
5. A Quinta Regra Formal e sua Aplicação 119

UNIDADE IV – A LINGUAGEM BÍBLICA E AS FIGURAS DE RETÓRICA 125
1. Importantes Observações sobre a Linguagem Bíblica 127
2. Os Símbolos e as Tipologias na Bíblia Sagrada 135
3. O Uso de Provérbios e Parábolas na Bíblia 141
4. As Figuras de Retórica na Linguagem Bíblica 147

CONCLUSÃO 153
EXERCÍCIOS 155
REFERÊNCIAS BIBLIOGRÁFICAS 169

Apresentação

Em 15 de Outubro de 1958, começava a tomar forma o sonho e a visão dada por Deus aos missionários João Kolenda Lemos e sua esposa, Ruth Doris Lemos. Nesta data, nasceu o IBAD, com o objetivo de proporcionar aos jovens vocacionados a oportunidade de se preparem para melhor servir o Senhor.

Na trajetória destas cinco décadas, o IBAD tem se mantido fiel à sua missão. Hoje, mais de quatro mil ex-alunos trabalham na Seara do Mestre como pastores, missionários, evangelistas, autores, conferencistas e em outras áreas do serviço cristão. Estes homens e mulheres atuam em todos os estados do Brasil e em 31 nações. O sol nunca se põe sobre os ex-alunos do IBAD.

Atento às necessidades educacionais da Igreja, o IBAD desenvolveu um projeto para atender um público que deseja um maior conhecimento e preparo na Palavra de Deus. Esse projeto é denominado Curso de Teologia a Distância, apresentado em 24 livros que oferecem ao estudante a oportunidade de obter uma base sólida para o serviço cristão.

Essa coleção teológica é fruto de meio século de experiência, tradição e qualidade no ensino da Palavra de Deus. Os autores dessa coleção são professores e ex-alunos do IBAD, homens e mulheres ativos no ministério do ensino teológico, que promovem, dessa forma, a visão e a missão dessa Instituição.

Este livro foi escrito pela Missionária Ruth Doris Lemos de saudosa memória. A mesma juntamente com seu esposo, Pr. Joao Kolenda Lemos foram os fundadores do IBAD. Formou-se em Teologia pelo Great Lakes Biblie Institute nos E.U.A. A missionária Doris Lemos dedicou a sua vida ao ensino teológico do Brasil, sendo Hermenêutica uma de suas paixões.

O apóstolo Paulo declara em IITm 2.15 - "*Procura apresentar-te a Deus aprovado, como obreiro que não tem de que se envergonhar, que maneja bem a palavra da verdade*". Tenho certeza que este livro, bem como toda a coleção teológica, será de grande valor para sua edificação espiritual e seu embasamento na formação ministerial.

Reverendo Mark Jonathan Lemos
Diretor do IBAD

Agradecimento

O Instituto Bíblico das Assembléias de Deus é um projeto missionário, com meio século de atividade educacional dedicado à igreja brasileira. Somos gratos a Deus pela visão, dedicação e cooperação de igrejas e pessoas para com esta obra.

Em especial fazemos menção de um dos colaboradores, AGWM-Assemblies of God World Missions (Missões Mundias das Assembléia de Deus – E.U.A.), em Springfield, Missouri, liderada pelo Missionário John Bueno. Através dos anos esse departamento tem prestigiado fielmente a obra de Deus em Pindamonhangaba, especialmente com a implantação do curso de teologia a distancia.

Externamos os nossos agradecimentos a AGWM e ao Pastor John Bueno por sua liderança e participação nesse projeto. O Senhor continue prosperando e abençoando ricamente seu ministério.

No Amor de Cristo!

Mark Jonathan Lemos
Diretor

Como estudar à distância

Caro estudante

Nosso curso a distância foi estruturado com o objetivo de atender a todos que desejam ter maior entendimento sobre a Bíblia. Para atingir esse objetivo, tivemos o cuidado de planejar e produzir um material adequado para proporcionar a você a melhor experiência educacional possível. Nesse planejamento, chegamos à conclusão de que os livros deveriam não só ter um bom conteúdo, mas também ser acessível a todas as pessoas que desejam ter maior conhecimento das Escrituras Sagradas. Também observamos a necessidade de atender pessoas de qualquer região do país, com diferentes níveis de conhecimento. A partir de tais critérios, desenvolvemos uma coleção de vinte e quatro livros, a qual se constitui em um curso de Teologia a distância.

Esses vinte e quatro livros, escritos de forma clara e objetiva, apresentam, de modo geral, vinte capítulos divididos em quatro unidades. Em cada unidade e em cada capítulo, há sempre uma introdução para que o leitor tenha ciência do que estudará naquela unidade e naquele capítulo. Tudo isso foi realizado com o intuito de facilitar a leitura. Com esse mesmo intuito, solicitamos que você observe as orientações para o estudo.

1- Recomendações para melhor aproveitamento de seu curso

Esse estudo requer atitudes próprias de qualquer estudante, porém ele tem como objetivo essencial abençoar sua vida cristã e dar-lhe instrumentos para que você desenvolva o ministério cristão com maior eficácia. Isso implica que serão necessárias, de sua parte, atitudes espirituais corretas, tais como:

1) Ore sempre antes de começar a lição. Isso preparará o seu coração para receber não apenas as informações, mas principalmente os princípios que serão úteis na sua vida com Deus.

2) Tenha o cuidado de sempre consultar a Bíblia. A leitura bíblica é primordial e insubstituível. Quanto mais você conhecer a Bíblia pela leitura diária, mais facilidade terá na compreensão de estudos que lhe auxiliarão no conhecimento dela.

3) Tenha sempre uma atitude de humildade. Deus revela verdades importantes àqueles que mantém essa atitude em seus corações.

Além desses cuidados, atente também para a dedicação, a disciplina e a perseverança, atitudes essenciais para a obtenção de êxito em todas atividades. Ao iniciar este curso de Teologia, conscientize-se da importância da manutenção desses princípios para o sucesso de sua aprendizagem. Concentre-se sempre no que estiver fazendo, pois a vida está no presente. O passado é a fonte das experiências, e o futuro, um tempo que deve ser planejado para que, quando transformado em presente, possibilite a colheita do que foi plantado, isto é, a obtenção dos resultados desejados. Se mantivermos tudo isso em mente, teremos sempre grandes chances de alcançarmos nossos objetivos.

2- Regras Básicas para a Compreensão do Texto

A leitura bem sucedida – compreensão de texto - requer do leitor a observância de alguns procedimentos básicos. São eles:

• Leitura do texto – Ao iniciar seu estudo, preste atenção à apresentação do livro e à introdução de cada unidade e de cada capítulo. Isto é importante porque essas introduções facilitarão sua compreensão do texto.

• Leitura de unidades de pensamento – A leitura de palavras, ao contrário da de unidades de pensamento, faz com que o leitor interprete um texto erroneamente. Isto significa que não devemos ler palavra por palavra e sim atentar para a idéia geral do texto.

• Conhecimento do vocabulário – O conhecimento do significado das palavras auxilia todo o processo de leitura. Por isso, tenha sempre à mão um dicionário da língua portuguesa e também um dicionário ou enciclopédia bíblica. É importante que essa consulta ao dicionário seja feita somente após uma primeira leitura do texto para que você não corra o risco de fazer uma leitura com interpretação inadequada.

• Leitura de diversos tipos de texto – A diversidade de textos permite que o leitor não só amplie seus conhecimentos, como também adquira maior habilidade para leitura. Procure ler outros livros que falem sobre o mesmo assunto.

3- Aplicação Pessoal e Avaliação

• Questões para reflexão – Em todos os capítulos, há questões com o objetivo de levar o estudante a refletir sobre os temas abordados, bem como fazer uma aplicação dos mesmos à realidade atual.

• Exercícios – No final de cada livro, o estudante encontrará exercícios relacionados a cada capítulo estudado para a verificação do conhecimento e fixação do conteúdo. Destes exercícios, serão extraídas perguntas que comporão a avaliação final.

Introdução

Este livro apresentará um estudo da Hermenêutica, que se define como a arte de interpretar e explicar textos. A palavra vem do grego "Hermeneuein", que significa "Interpretar". A Hermenêutica é uma ciência que todo pregador e ensinador da Bíblia deve conhecer. Os estudos dentro das áreas teológicas, sistemática, dogmática, prática, contemporânea, incluem também o estudo da teologia exegética, que trata da reta interpretação das Sagradas Escrituras para o sentido que o autor quis atribuir ao texto sagrado.

A Hermenêutica faz parte da teologia exegética que ensina as regras de interpretação das Escrituras e a maneira de aplicá-las de forma correta. A Bíblia não é um livro que pode ser tratado como qualquer outra obra literária. As Sagradas Escrituras são a Palavra de Deus em forma escrita. Ela deve ser respeitada e ensinada dentro do intento do seu autor, o Soberano Deus, que através dela comunica seus planos e preceitos para os homens.

Portanto, neste livro, estudaremos na primeira unidade os fundamentos da hermenêutica bíblica. Procuraremos enfatizar a importância do estudo da interpretação das Escrituras, observando os desafios de compreender textos escritos há milênio de anos dos nossos dias. Discorreremos sobre a história da hermenêutica a partir dos hebreus no Antigo Testamento, os primeiros leitores dos textos sagrados; depois, sobre os escritores do Novo Testamento. Falaremos da hermenêutica dos Pais da Igreja, dos reformadores e das atuais escolas de interpretação bíblica.

Na segunda unidade, atentaremos para os estilos literários da Bíblia. Iniciaremos com os textos do Antigo Testamento referentes à Lei; em seguida, abordaremos as narrativas, depois a poesia e os textos proféticos. No Novo Testamento, observaremos o modo de escrita dos Evangelhos e das Epístolas.

Na terceira unidade, estudaremos sobre a necessidade de regras na hermenêutica para a correta interpretação dos textos bíblicos. Inicialmente, falaremos acerca da responsabilidade do intérprete; em seguida, veremos as regras formais da hermenêutica.

Na quarta unidade, atentaremos para a linguagem bíblica. A princípio, veremos as três aplicações do texto; em seguida, estudaremos sobre os símbolos e tipos na Bíblia e, depois, veremos sobre provérbios e parábolas. Por fim, destacaremos algumas figuras de retóricas, suas definições e textos bíblicos, exemplificando-as para melhor compreensão.

UNIDADE I

FUNDAMENTOS DA HERMENÊUTICA BÍBLICA

A interpretação correta da Bíblia Sagrada deve ser o alvo permanente de todo leitor das Escrituras. Para isso, ele não pode prescindir do auxílio da hermenêutica. Portanto, nesta unidade, estudaremos acerca do valor e da necessidade da hermenêutica bíblica, considerando aqui a lacuna que separa os escritores, juntamente com os primeiros leitores, do intérprete atual. Veremos também o modo de interpretação das Escrituras pelos judeus, a hermenêutica dos escritores do Novo Testamento, a hermenêutica na história da Igreja – da patrística à reforma, e da pós-reforma aos dias atuais.

CAPÍTULO 1

O Valor e a Necessidade da Hermenêutica Bíblica

É de suma importância e valor inestimável para o estudante da Bíblia conhecer os textos sagrados e seus verdadeiros objetivos. Isso se aplica não somente às pessoas que são obreiros ativos na igreja, como pastores, evangelistas, missionários domésticos e transculturais, professores da Escola Dominical, escritores de textos teológicos, etc., mas também aos leitores que atuam nos mais diversos ambientes e atividades. O ensinador da Bíblia tornará o seu ministério mais eficaz, frutífero e abençoado pelo Espírito Santo, se ele estudar com diligência, com o propósito de apresentar uma correta interpretação das Escrituras Sagradas (2 Tm 2.15).

1.1- A Importância da Hermenêutica

Este estudo se faz necessário nos dias atuais em virtude das múltiplas interpretações das Escrituras, muitas vezes feitas à vontade e de propósito por falsos mestres, que distorcem os textos sagrados para a sua própria conveniência. Em virtude disso, há tantas religiões e seitas falsas, que se faz necessário o estudo diligente da correta interpretação das Escrituras.

A Bíblia nunca deve ser tratada como um livro qualquer, pois é a Palavra de Deus, e como tal deve ser lida com todo respeito e reverência por parte do intérprete. Como uma pessoa imprudente e irreverente, que não tem uma mente espiritual e sensível às coisas de Deus, teria a possibilidade de desvendar as preciosas verdades ensinadas na Bíblia?

Há certas disposições necessárias para um estudo correto das Sagradas Escrituras. Certamente, a principal é ter um espírito reverente, inclinado para as coisas espirituais. A Bíblia adverte: *"O homem natural não entende as coisas do Espírito de Deus porque lhe são loucuras; e não pode recebê-las porque elas se discernem espiritualmente"* (1 Co 2.14).

1.2- O Problema da Distância Temporal

Um grande desafio que encontramos ao lermos a Bíblia é a lacuna de tempo que nos separa dos escritores e primeiros ouvintes e leitores. Passaram-se séculos e consequentemente mudanças ocorreram. Desse modo, nossa tarefa é buscar da forma mais precisa o sentido original do texto.

Quando o leitor tentar compreender o conteúdo da Bíblia, precisa lembrar o abismo do tempo e as transformações ocorridas ao longo dos anos. Considerando isso, a hermenêutica o direciona a métodos e orientações que o ajudarão a assimilar o estilo literário de cada livro, fatos históricos que influenciaram as suas ideias e características culturais presentes no seu tempo.

Outro fator com relação à distância de tempo é o período que abrange o processo de escrita da Bíblia Sagrada. São cerca de 1600 anos no total. Isso significa que embora haja uma sincronia de pensamentos nos livros Sagrados, os escritores viveram em momentos históricos diferentes.

Quando lemos Malaquias e em seguida Mateus, percebemos claramente uma mudança que não segue uma sequência imediata de fatos. Entram em cena os grupos religiosos como fariseus, saduceus, zelotes, etc., e esses não são mencionados anteriormente em nenhum livro do Antigo Testamento. A verdade é que entre Malaquias e Mateus há uma lacuna temporal de mais de 400 anos.

1.3- O Problema da Distância Geográfica

O leitor ocidental vive a milhares de quilômetros dos países onde se deram os fatos bíblicos. O cenário dos acontecimentos da Bíblia ocorreu no Oriente Médio, no Egito e nas nações mediterrâneas meridionais da Europa de hoje. Foi nessa região que os personagens bíblicos viveram e peregrinaram.

Essa distância é um ponto que dificulta a compreensão dos escritos bíblicos. A geografia é um elemento importante no desenvolvimento da Revelação escrita. Deus separou um povo para que, por meio dele, nascesse o Messias, e também escolheu um lugar específico para esse povo habitar. Yahweh se utilizou do espaço geográfico para se revelar e se relacionar com o homem. A partir dos capítulos iniciais da Bíblia Sagrada, somos informados de um jardim, onde o primeiro casal viveu e se relacionou com o Criador. Por meio das Escrituras, conhecemos mares, montes, lagos, aldeias, cidades, etc.

A interpretação correta da Bíblia exige uma atenção ao espaço geográfico entre o leitor e as terras bíblicas. Somente assim, alguns termos e colocações serão devidamente compreendidos. O nosso imaginário desenha as cenas descritas de acordo com a noção que temos das palavras pronunciadas. A Bíblia descreve o mar como cenário de algumas experiências de Jesus com os seus seguidores (Mt. 4.18): *"Andando Jesus junto ao mar da Galiléia...".* No entanto, nem sempre essas descrições correspondem à ideia que temos do oceano. O referido "mar da Galileia", na verdade é também chamado de "lago de Genesaré", e tem 45m de profundidade, 24 quilômetros de comprimento por 14 de largura.

1.4- O Problema da Distância Cultural

Outro obstáculo que pode comprometer a clara compreensão do leitor é o abismo cultural que há entre a maneira de pensar e agir dos ocidentais e a dos personagens das Escrituras Sagradas. É importante conhecer as culturas e os costumes dos povos dos tempos bíblicos. A falta de conhecimento de tais culturas pode gerar interpretações errôneas.

Quando um missionário vai para um país de cultura diferente, precisa saber como aquele povo pensa, em que acredita, o que diz, faz e produz. Ele precisa entender a cultura local para compreender as pessoas e comunicar-se bem. O contato de alguém com outra cultura geralmente provoca impacto em virtude dos ambientes e hábitos diferentes daquele povo. Isso se chama "choque cultural".

Ao abrirmos a Bíblia, é como se estivéssemos entrando em outros países com culturas diferentes da nossa. Assim, é importante sabermos o que os personagens bíblicos pensavam, em que acreditavam, o que diziam e produziam. O estudo das culturas dos povos do mundo bíblico permite-nos conhecer o sentido original, literal e socialmente designado da palavra, expressão ou hábito. A interpretação literal fica insuficiente sem o auxílio do estudo das culturas. Como acontece com a história bíblica, as questões culturais não são pormenores que podem pesquisar se sobrar tempo, mas que podemos desprezar quando premidos pela falta de tempo e pelas circunstâncias. Elas são indispensáveis ao entendimento correto das Sagradas Escrituras. (Ramm *apud* Zuck, 1994)

A compreensão de algumas passagens bíblicas necessita do prévio conhecimento do contexto cultural. Por que Elias propôs que o monte Carmelo fosse o palco da disputa com os profetas de Baal? Os adoradores de Baal acreditavam que seu deus habitava no monte Carmelo. Por que Paulo quando escreveu aos coríntios fez menção do cuidado que os cristãos deveriam ter com relação à carne oferecida a ídolos? Nos dias atuais, nenhum cristão senta-se à mesa com esse cuidado. Fica evidente que essa orientação do Apóstolo era para pessoas de uma cultura diferente da nossa. Os coríntios compravam carne e ofereciam uma parte dela aos ídolos pagãos, e o restante levava para casa a fim de servir no jantar.

1.5- O Problema da Distância Linguística

Outro aspecto que nos diferencia dos povos bíblicos é a forma de falar e escrever. A Bíblia foi escrita em hebraico, aramaico e grego. Esses idiomas têm particularidades diferentes do nosso. Por exemplo, no aramaico e no hebraico dos manuscritos do Antigo Testamento só havia consoantes. As vogais eram subentendidas, por isso não eram escritas. Esses dois idiomas são lidos da direita para a esquerda. As palavras escritas nas três línguas bíblicas emendavam-se, umas às outras.

Assim como nos expressamos e usamos palavras comuns a nossa realidade, os escritores bíblicos também usaram terminologias dentro do seu contexto. Podemos constatar que muitas palavras e expressões usadas numa determinada região do país soam estranhas a pessoas localizadas em outra região do mesmo país.

Quando consideramos que a Bíblia tem mais de 40 escritores que vieram das mais diversas culturas e profissões, e foi escrita num período que abrange cerca de 1600 anos, podemos entender que a linguagem e modos de expressão foram diferentes e variados. O estudante da Bíblia deve atentar para a dinâmica do seu idioma e para as variações dos termos. A tradução das palavras sofre modificações com o tempo. Outro fator que merece atenção são as expressões comuns de uma época e a maneira própria de comunicar uma verdade. Jesus, dirigindo-se a um público que na maioria tinha como atividade o trabalho do campo, procurou utilizar exaustivamente circunstâncias desse modo de vida a fim de tornar claros os seus ensinos. Paulo escrevendo à igreja de Roma fez uso de termos próprios da linguagem forense, algo compreensível ao cidadão romano.

Portanto, para uma devida compreensão da linguagem bíblica, é importante o estudante ter sempre em mãos um dicionário da língua do seu país, preferencialmente que traduza o sentido etimológico das palavras. Um rico vocabulário diminuirá o esforço de interpretar corretamente os textos bíblicos.

Outro cuidado necessário é o uso de um dicionário bíblico ou de concordância explicativa que ajudam a compreender os termos no Antigo Testamento, escrito inicialmente quase todo no idioma hebraico, e o sentido desses mesmos termos no Novo Testamento, escrito no idioma grego.

Quando lemos textos do Antigo Testamento, observamos termos e colocações diferentes do Novo Testamento. Isso acontece, a princípio, em virtude da predominância do pensamento e da cosmovisão hebraica. Diferente do Novo Testamento que mostra claramente a influência da cultura grega.

Podemos perceber, nos escritores da Antiga Aliança, uma linguagem totalmente voltada aos costumes e à religião dos hebreus. Os sacrifícios, o ofício sacerdotal, o ministério levítico, os ritos e as festas são exaustivamente mencionados. Enquanto os escritores da Nova Aliança assimilaram o pensamento grego com a sua filosofia e o militarismo romano que predomina todo o período Neotestamentário, e isso influenciou a linguagem do Novo Testamento.

É importante saber que Jesus citou várias passagens do Antigo Testamento nas suas pregações. O fato é que existem mais de 600 termos e expressões no Novo Testamento que pertencem ao Antigo Testamento. A compreensão de algumas definições nos Evangelhos e Epístolas só é possível a partir de um conhecimento prévio da história dos hebreus na Antiga Aliança. Em I Coríntios 5.7, Paulo fala do "cordeiro pascal". Obviamente o estudante da Bíblia precisa se reportar à Páscoa em Êxodo 12, para compreender o Apóstolo dos gentios. Alguns capítulos da epístola aos Hebreus só serão devidamente esclarecidos quando o leitor conhecer a origem dos termos usados no livro de Levíticos.

1.6- O Problema da Diferença Literária

Outro fator que merece atenção no exercício da interpretação das Escrituras é a lacuna que difere o modo de escrita dos tempos bíblicos da escrita do mundo ocidental moderno. Era comum os antigos orientais usarem como forma de expressão provérbios e parábolas.

Quando lemos Salmos, observamos algumas orações dos salmos completamente estranhas à nossa realidade. Vejamos um clamor em meio ao sofrimento: *"Ó Senhor, Deus da minha salvação, dia e noite clamo diante de ti. Chegue à tua presença a minha oração, inclina os teus ouvidos ao meu clamor; porque a minha alma está cheia de angústias, e a minha vida se aproxima do Seol. Já estou contado com os que descem à cova; estou como homem sem forças, atirado entre os finados; como os mortos que jazem na sepultura, dos quais já não te lembras, e que são desamparados da tua mão. Puseste-me na cova mais profunda, em lugares escuros, nas profundezas. Sobre mim pesa a tua cólera; tu me esmagaste com todas as tuas ondas"* (Sl 88. 1-7). Ao olharmos o texto, temos a ideia de que Deus está fazendo um mal terrível ao salmista. No entanto, era forma literária de expressar um profundo sentimento de angústia.

Outro exemplo é Cantares de Salomão. Observamos, nesse livro, um estilo literário não usual nos dias atuais para um livro poético. O Sábio relata cenas de intimidade com sua esposa Sulamita, e comumente há descrições de diálogos entre o casal que menciona as partes íntimas de ambos. O fato de algumas pessoas não compreenderem esse estilo pode explicar-se pelo abismo literário existente entre o escritor e o leitor nos dias atuais.

É comum encontrarmos no estilo literário dos escritores bíblicos linguagem figurada que dificulta nossa compreensão. Vejamos por essa declaração de Jesus: *"Eu sou a porta"*. Evidentemente, ele não quis dizer que era literalmente feito de madeira com dobradiças. Cabe ao intérprete tentar apurar o que Jesus de fato quis dizer com tais afirmações.

QUESTÃO PARA REFLEXÃO

Observamos, neste capítulo, a importância da hermenêutica bíblica, considerando que a Bíblia Sagrada é a Palavra de Deus escrita, e como tal deve ser interpretada corretamente. Tendo em vista que o intérprete ao ler os sagrados se depara com o problema da distância entre o escritor e os seus leitores, qual é a contribuição do estudo da hermenêutica para os nossos dias atuais?

CAPÍTULO 2

A Interpretação das Escrituras pelos Judeus

O Antigo Testamento tem Moisés como o primeiro escritor dos textos Sagrados. A saída dos hebreus do Egito constituiu-se num marco para a nação de Israel e o primeiro contato com a Lei que expressava a vontade de Deus para o povo. Desde as primeiras orientações, já fica clara a preocupação com o ensino e a observação dos textos Sagrados. Essa era a ordem de Yahweh concernente aos seus preceitos: *"E estas palavras, que hoje te ordeno, estarão no teu coração; e as ensinarás a teus filhos, e delas falarás sentado em tua casa e andando pelo caminho, ao deitar-te e ao levantar-te também as atarás por sinal na tua mão e te serão por frontais entre os teus olhos; e as escreverás nos umbrais de tua casa, e nas tuas portas"* (Dt 6.6-9).

2.1- Os Primeiros Ouvintes e Leitores das Escrituras Sagradas

Observamos que a princípio as famílias tinham a incumbência de ensinar os Mandamentos de Deus às gerações posteriores. Obviamente que para os contemporâneos dos escritores a compreensão das suas palavras não era uma tarefa complicada. O desafio seria repassar essas informações fielmente àqueles que viriam futuramente. Nesse ponto, a correta interpretação da Lei tinha como objetivo preservar a identidade original da nação de Israel.

A transmissão dos valores ético-morais e os princípios extraídos das festas e memoriais inicialmente eram feito por meio da tradição oral. Essas informações não estavam ainda registradas em forma de escrita. Mesmo assim, era necessária a correta compreensão da vontade de Deus para o seu povo. A preocupação de Deus concernente ao futuro da nação de Israel explicava-se pelo contato que ela teria com outras culturas, outras nações. Pois, em virtude da degradação moral desses povos, os israelitas poderiam assimilar suas práticas e, assim, deixar de lado a vontade de Deus. Vejamos o que Deus falou sobre isso a Moisés:

"Quando teu filho te perguntar no futuro, dizendo: Que significam os testemunhos, estatutos e preceitos que o Senhor nosso Deus vos ordenou? Responderás a teu filho: Éramos servos de Faraó no Egito, porém o Senhor, com mão forte, nos tirou de lá; e, aos nossos olhos, o Senhor fez sinais e maravilhas grandes e penosas contra o Egito, contra Faraó e contra toda a sua casa; mas nos tirou de lá, para nos introduzir e nos dar a terra que com juramento prometera a nossos pais. Pelo que o Senhor nos ordenou que observássemos todos estes estatutos, que temêssemos o Senhor nosso Deus, para o nosso bem em todo o tempo, a fim de que ele nos preservasse em vida, assim como hoje se vê" (Dt 6. 20-24).

É importante enfatizar que a relação de Deus com Israel foi sendo construída no tempo e no espaço. De forma que determinados lugares e datas do ano tinham simbolicamente um valor espiritual que deveriam ser compreendidos por aqueles que viriam no futuro.

A falta de cuidado a essa obrigação resultou na perda do sentido dos princípios que tão cuidadosamente haviam sido ensinados por Deus.

2.2- O Resgate da Correta Interpretação das Escrituras nos dias de Esdras

Alguns eruditos acreditam que a arte da interpretação bíblica iniciou-se com Esdras no período pós-exílico. Segundo Virkler, 1992, "um estudo da história da Interpretação bíblica começa, em geral, com a obra de Esdras".

Quando os judeus retornaram do cativeiro, provavelmente tenham perdido a compreensão de hebraico, e tudo indica que eles falavam o idioma aramaico. Em consequência disso, quando Esdras leu a Lei, os escribas tiveram que traduzir do hebraico para o aramaico: *"Assim leram no livro, na lei de Deus, distintamente; e deram o sentido, de modo que se entendesse a leitura"* (Ne 8.8). Observamos que os levitas expunham o significado de maneira que compreendessem o que se lia.

A história mostra que desde Esdras os escribas passaram a ensinar e copiar as Escrituras. Eles tinham a firme convicção de que cada letra do texto era a Palavra de Deus inspirada. O aspecto favorável disso foi a preservação cuidadosa dos Textos Sagrados ao longo dos séculos. A desvantagem foi o extremismo por parte de alguns rabinos que desvirtuaram completamente os métodos de interpretar as Escrituras Sagradas. Segundo Virkler (loc. cit.), "eles passaram a imaginar que sendo Deus o autor das Escrituras, o intérprete poderia esperar numerosos significados de determinados texto, e cada detalhe incidental do texto possuía significado".

Um rabino chamado Akiba, líder de uma escola em Jaffa no início da era Cristã, afirmava que toda repetição, figura, paralelismo, palavra, letra, partícula, repetição, ou mesmo a própria forma da letra possuíam um significado oculto. Esse enfoque indevido às letras que compunham as Palavras das Escrituras era levado a um ponto tão extremado que o significado que o autor tinha em mente era desprezado e em seu lugar colocava-se especulação absurda.

2.3- Classes de Judeus e suas Formas de Interpretar as Escrituras

A partir do período pós-exílico, houve um grande desenvolvimento nas escolas judaicas de interpretação das Escrituras. Em virtude do aumento de cópias dos Manuscritos Sagrados, do surgimento das Sinagogas, houve um aumento no interesse dos judeus pelos ensinamentos da Lei e dos Profetas. Para uma melhor compreensão, veremos as correntes de interpretação dos judeus.

2.3.1- Judeus Palestinos

Os judeus palestinos tinham profunda reverência à Bíblia como a Palavra de Deus. Seus componentes acreditavam na Inspiração até mesmo das letras. Seus copistas habitualmente contavam cada letra a fim de evitar erros na transcrição. Outra característica peculiar é que eles tinham a Lei em mais alta estima do que os profetas e os Escritos Sagrados. Desse modo, seu grande objetivo era a interpretação da Lei.

Os judeus palestinos faziam distinção entre o mero sentido literal da Bíblia, que eles chamavam de "peshat", e sua exposição exegética, "midrash". Essa última tinha como propósito esclarecer por todos os meios viáveis as possíveis aplicações e significados das Sagradas Escrituras. Um ponto que merece destaque nesse grupo é a separação de Lei Oral da Lei Escrita. Os escribas tendiam a valorizar mais a Lei Oral e desprezar a Lei Escrita. A consequência disso foi o surgimento de várias formas arbitrárias de interpretação.

O grande expoente dessa classe de judeus foi o rabino Hillel. Esse foi um líder proeminente entre os judeus da Palestina. Nascido na Babilônia, fundou uma escola em Jerusalém que levou o seu nome.

O passar dos anos foi deixando esse grupo menos conservador. A consequência disso foi que ele passou a dar significado a textos, frases e palavras sem levar em conta o contexto; combinava textos que continham as mesmas palavras, ou frases, sem considerar se tais textos referiam-se à mesma ideia; tomava aspectos incidentais de gramática e lhes dava significação interpretativa.

O fato de se concentrarem na identificação de significados ocultos em detalhes gramaticais incidentais e especulações numéricas fez com que os judeus palestinos perdessem, às vezes, a visão do verdadeiro sentido do texto.

2.3.2- Judeus Alexandrinos

Os judeus de Alexandria, no Egito, foram influenciados pela filosofia grega. Eles adoravam o princípio fundamental de Platão de que ninguém deve acreditar em algo que seja indigno de Deus.

A alegorização judaica sofreu influência da alegorização dos gregos. Os filósofos gregos admiravam os escritos de Homero e Hesíodo. No entanto, ficavam constrangidos com o comportamento imoral e com os antropomorfismos dos deuses imaginários da mitologia grega. A solução do problema foi alegorizar as histórias, procurando sentidos por trás do texto literal. Assim, a alegoria era um meio explicativo para que os poetas gregos não fossem ridicularizados.

Do mesmo modo dos gregos, os judeus alexandrinos passaram a preocupar-se com o antropomorfismo e as descrições de intimidade contidas na Bíblia. Assim, prontamente adotaram a alegorização no Antigo Testamento. Eles viam isso como justificativa, uma maneira de defender os Textos Sagrados perante os gregos.

O grande mestre desse modo de interpretação foi Filo. Para ele, a letra era apenas um símbolo das coisas mais profundas. A significação oculta das Escrituras era o que havia de mais importante. Ele ensinava que Sara e Hagar representam a virtude e a cultura, e Jacó e Esaú, a prudência e a insensatez; que o episódio em que Jacó apoiou a cabeça numa pedra simboliza a autodisciplina da alma. Filo se utilizava de sinônimos e jogo de palavras:

Se o texto bíblico diz que Adão "se escondeu de Deus", essa expressão é uma desonra a Deus, que vê todas as coisas – portanto, só pode tratar de alegoria. Quando lemos que Jacó, dispondo de tantos servos, enviou José para procurar os irmãos, que Caim tinha esposa, que Israel era uma "herança de Deus" ou que Abraão foi chamado de "o pai" de Jacó em vez de avô, estamos diante de "contradições", e, conseqüentemente, essas passagens precisam ser alegorizadas. (Farra apud Zuck, 1994)

2.3.3- Os Caraístas

Essa seita foi denominada "os Protestantes do Judaísmo". Do ponto de vista de suas características fundamentais, podem ser considerados como descendentes espirituais dos saduceus. Inicialmente foram chamados de "Beni Mikra", "Filhos da Leitura", que depois passou para "caraim", o mesmo que "biblistas".

Os Caraístas representam um protesto contra o rabinismo parcialmente influenciado pelo maometismo. Seu princípio fundamental era considerar as Escrituras como única autoridade em matéria de fé. Isso significa, por um lado, desprezo à tradição oral e à interpretação rabínica, e, por outro lado, um novo e cuidadoso estudo das Escrituras Sagradas. Sua exegese como um todo era muito mais correta do que a dos judeus tradicionais.

2.3.4- Os Cabalistas

Embora haja indícios de que esse movimento seja mais antigo, os relatos datam o século doze como o surgimento desse grupo. O cabalismo representa uma distorção do método de interpretação empregado pelos judeus da Palestina, e do método alegórico pelos judeus da Alexandria.

Esse movimento destacou-se pelo misticismo exagerado. Ele acreditava que toda a Lei, mesmo os versos, as palavras, as letras, vogais, acentos foram entregues a Moisés no Monte Sinai. Atribuía um poder sobrenatural ao número de letras das palavras. Esse grupo de judeus que representa formas antigas do misticismo judaico consistia de doutrina empírica e com o tempo, devido à influência neoplatônica, o movimento ganhou um caráter especulativo.

Na tentativa de desvendar os mistérios divinos, lançaram os seguintes métodos: Gematria – de acordo com ele, podiam substituir certas palavras bíblicas por outras que tivesse o mesmo valor numérico; Notarikon – consistia em formar palavras pela combinação de letras iniciais e finais, ou por considerar cada letra final de uma palavra a letra inicial de outras palavras; Temoorah – indicava o método pelo qual se conseguia nova significação das palavras por meio do intercâmbio de letras.

2.3.5- Os Judeus de Qumran

Esse grupo ficou conhecido por adotar o estilo de interpretação "pesher", que significa "explicação". Essa forma se baseou extensivamente das práticas midráshicas, mas incluía um significativo enfoque escatológico.

Esse movimento acreditava que tudo quanto os antigos profetas escreveram tinha significado profético que devia ser imediatamente cumprido por intermédio de sua comunidade. Era comum a interpretação apocalíptica juntamente com a idéia de que Deus tinha revelado os mistérios, outrora ocultos.

Muitas vezes a interpretação pesher era denotada pela frase "este é aquela", indicando que "o presente fenômeno" é cumprimento daquela antiga profecia. Os adeptos desse movimento viam-se como os remanescentes de justos na terra, cercados por pessoas más. Com isso, aguardavam uma intervenção de Yahweh, momento esse em que participariam da implantação de um novo tempo.

Questão para Reflexão

Neste capítulo, observamos o cuidado que o leitor deve tomar ao ler os textos sagrados. A história mostra que desde os primeiros leitores havia a preocupação de extrair o sentido exato intencionado pelos escritores. Considerando a importância da hermenêutica bíblica na história do povo de Deus, como podemos avaliar o interesse pela correta interpretação das Escrituras por parte dos atuais leitores das Escrituras Sagradas?

Capítulo 3

A Interpretação das Escrituras no Novo Testamento

Quando lemos o Novo Testamento, percebemos um novo cenário. O Antigo Testamento foi escrito em hebraico e aramaico e teve como ênfase a relação dos hebreus com Yahweh. Já os livros neotestamentários foram escritos em grego e marcados com um público misto de judeus e gentios. Mesmo observando essas distinções, não podemos negar a continuidade no Novo Testamento do que havia sido escrito no Antigo Testamento.

3.1- A Presença do Antigo Testamento no Novo Testamento

Praticamente todos os escritores do Novo Testamento foram de origem judaica, com exceção de Lucas. Esse detalhe é claramente percebido nas diversas citações que são feitas. Segundo Virkler (1992), "aproximadamente 10% do Novo Testamento constitui-se de citações diretas, de paráfrases do Antigo Testamento ou de alusões a ele".

Algumas mudanças significativas ocorreram no intervalo entre o período veterotestamentário e o neotestamentário. As subdivisões dos grupos religiosos que praticavam o judaísmo, o surgimento das sinagogas, a organização política da Palestina, entre outras, são algumas das modificações que ocorrem nesse espaço de tempo.

No entanto, diversas práticas religiosas, instituições que nasceram na Antiga Aliança, continuaram no Novo Testamento:

3.1.1- Templo

As últimas informações que temos acerca do templo no Antigo Testamento não são as melhores. O retorno dos exilados possibilitou a reconstrução, no entanto o segundo templo não tinha mais o mesmo fulgor do primeiro feito por Salomão.

Quando lemos os escritos do Novo Testamento, observamos que as descrições acerca do templo nos fazem perceber um monumento que causava admiração a todos. Na verdade, Herodes foi o grande responsável por isso. Com a intenção de conquistar popularidade entre os judeus, ele reformou o segundo templo, de forma que essa instituição constituiu-se num centro agregador dos judeus espalhados pelas cidades distantes.

Algumas passagens dos Evangelhos durante o ministério de Jesus indicam a força religiosa de Jerusalém em virtude do templo.

3.1.2- As Festas dos Judeus

Outras práticas religiosas do Antigo Testamento presentes no Novo Testamento são as festas. As informações presentes nos escritos neotestamentários mostram que os judeus cultivavam as práticas de festas instituídas por Deus na época de Moisés.

Em algumas ocasiões específicas, podemos ver citações dessas comemorações como a Festa dos Tabernáculos (Jo 7.2), a Páscoa (Lc 22.1), Pentecostes (At 2.1), etc. Esses são alguns exemplos de como essa tradição mantinha-se viva no meio dos judeus mesmo no período da Nova Aliança.

3.1.3- O Ministério Sacerdotal

Outra instituição que foi iniciada no Antigo Testamento, mas continuou no Novo Testamento foi o Sacerdócio Levítico. Deus escolheu a casa de Arão para exercer essa função junto ao Templo e, embora no período da Nova Aliança se percebam traços de corrupção no ministério sacerdotal em Israel, os sacerdotes ainda desfrutavam de prestígio perante o povo.

Registros dos escritores do Novo Testamento demonstram claramente o desvirtuamento do ministério sacerdotal nos tempos de Jesus. Os sacrifícios, as ofertas, que na Antiga Aliança tinham um papel importante na reunião da congregação, na preservação da consciência do favor de Yahweh, haviam ganhado um caráter mercantilista, de forma que Jesus condenou abertamente tais práticas.

3.1.4- A Expectativa Messiânica

Quando lemos o Antigo Testamento, observamos que os judeus cultivaram ao longo dos anos a expectativa messiânica. Os momentos que antecederam o cativeiro babilônico intensificaram as mensagens de prenúncio da chegada do Messias.

No Novo Testamento, esse sentimento continuava vivo no coração do povo de Israel. O ambiente era propício para a manifestação daquele que reconquistaria o trono de Davi e consolidaria um reino de paz e liberdade aos judeus. Grupos de judeus sectários aguardavam ansiosos a indicação do Messias para empreenderem uma guerra de emancipação política.

O fato mais esperado aconteceu, porém eles não perceberam. Embora as autoridades religiosas tivessem conhecimento das características do Messias, dos detalhes, como lugar do seu nascimento (Mq 5.2; Mt 2.3-5), elas não tiveram discernimento para perceber que em Cristo cumpria-se tudo que havia sido anunciado. Apesar da expectativa, a visão de um libertador político ofuscou o entendimento para que eles aceitassem a Cristo.

3.2- Jesus e o Antigo Testamento

O ministério terreno de Jesus foi marcado por ensinos, pregações, e a referência escriturística do Mestre sempre foi o Antigo Testamento. Em diversos momentos, ele utilizou passagens da Antiga Aliança para corroborar uma afirmação, ou mesmo indicar o cumprimento de profecias feitas anteriormente a seu respeito.

Foram muitas as citações de Cristo a passagens Veterotestamentárias. Ele fez referência a Abel (Lc 11.51); Noé (Mt 24.37-39); Abraão (Jo 8.56); o pacto da circuncisão (Jo 7.22); Sodoma e Gomorra (Mt 10.15); Ló (Lc 17.28-32); Isaque e Jacó (Mt 8.11); o maná (Jo 6.31); a serpente no deserto (Jo 3.14); Davi comendo os pães da proposição (Mt 12.3); Salomão (Mt 6.29); Elias (Lc 4.25); Eliseu (Lc 4.27); Jonas (Mt 12.39-41). Essas são algumas referências que indicam o profundo interesse de Cristo pelos Escritos do Velho Testamento. Ele usou com regularidade essas passagens como competente tribunal de apelação em seus debates com os escribas e fariseus. Sua refutação contra eles não era por desvalorizarem as Escrituras e, sim, por distorcerem ensinos claros para sua própria conveniência.

3.2.1- Algumas Controvérsias sobre a Interpretação do Antigo Testamento por Jesus

Alguns teólogos defendem que, embora Cristo tenha validado os escritos da Antiga Aliança, isso não nos obriga a uma mesma postura. Segundo os que fazem tais afirmações, é possível que Jesus entendesse e usasse as histórias do Antigo Testamento não como fatos reais, mas apenas com a finalidade ilustrativa.

Podemos afirmar que Jesus fez uso da história para esclarecer determinados assuntos. Desse modo, a maioria dos exemplos que ele usou só faz sentido se compreendidos como acontecimentos históricos que foram reais.

O argumento que Jesus usou em sua discussão com os saduceus com respeito à ressurreição (Mc 12.18-27), por exemplo, não teria força alguma, a menos que tanto ele como seus adversários entendessem que Abraão, Isaque e Jacó eram figuras literais históricas. A reivindicação de Jesus à sua divindade, pela qual ele quase foi apedrejado (Jo 8.56-69), contém uma alusão a Abraão que só poderia ter significado se ele e seus adversários reconhecessem Abraão como uma figura histórica.

Os ensinos de Cristo acerca da autoridade das Escrituras estão presentes por todo o seu ministério. Sua perspectiva do Antigo Testamento apontava para uma continuidade histórica com base na Revelação Progressiva de Deus.

Outra opinião sobre a relação de Cristo com o Antigo Testamento é que as expressões atribuídas ao Mestre eram, na verdade, mais pontos de vistas dos autores dos Evangelhos do que propriamente de Jesus. A verdade é que alguém que acredita nessa ideia inevitavelmente põe em dúvida a historicidade do próprio Cristo. É como se afirmar que a comunidade Cristã criou Jesus, e não o inverso.

Portanto, é mais coerente afirmar que o conhecimento e o uso que Cristo fez das Escrituras condicionou o entendimento e o uso que os seus seguidores fizeram da mesma. Não há evidência histórica de que pessoas simples como os discípulos poderiam interpretar o Antigo Testamento com tanta clareza sem a participação de Cristo.

3.2.2- Métodos de Cristo Interpretar o Antigo Testamento

Cristo estava inserido em uma época de vários seguimentos dentro do Judaísmo. Os grupos existentes divergiam acerca de diversos pontos nas Escrituras, principalmente por utilizarem métodos diferentes para interpretarem os Textos Sagrados. Enquanto alguns tendiam a um literalismo exagerado, outros buscavam um sentido mais profundo por meio da alegorização.

Quando Cristo fazia aplicação do registro histórico, ele extraía do significado normal do texto, contrário ao sentido alegórico. Ele não demonstrou nenhum interesse em dividir as verdades das Escrituras em um nível superficial fundamentado no sentido literal do texto e uma verdade mais profunda baseada em uma ideia mística.

Na verdade, Jesus fez críticas ao modo como os doutores da Lei haviam desenvolvido métodos particulares que ignoravam a própria Palavra de Deus, que supostamente entendiam e ensinavam ao povo. Podemos observar nos Evangelhos que a interpretação do Antigo Testamento por parte dos líderes religiosos contemporâneos de Jesus atendia à conveniência daqueles homens que intentavam manipular as pessoas simples e sobrecarregá-las com jugos pesados. Cristo acusou aqueles líderes de "fecharem a porta do Reino dos Céus" (Mt. 23.13).

É importante enfatizar que, mesmo os escribas e fariseus querendo acusar Jesus de algo, jamais conseguiram encontrá-lo fazendo uso das Escrituras de modo ilegítimo. No entanto, o Mestre os acusava de acréscimos e interpretações errôneas. Em diversas vezes, Cristo chama a atenção para o rigor da Lei por parte dos líderes religiosos da sua época, como fruto de uma visão extremada.

3.3- Os Apóstolos e o Antigo Testamento

Quando lemos os primeiros escritos do Novo Testamento, observamos imediatamente a intenção dos escritores de mostrar Cristo como o cumprimento das profecias que haviam sido feitas acerca do Messias. Essa seria a ênfase das pregações da Era Apostólica.

3.3.1- Os Discípulos e a Interpretação do Antigo Testamento

Os Evangelhos que trataram especificamente do ministério terreno de Cristo, especialmente Mateus, tiveram como preocupação mostrar que Cristo era o legítimo descendente de Davi. No primeiro capítulo, o escritor já trata de mostrar a genealogia que confirma o Mestre como herdeiro do trono davídico. Com base nas pregações de Cristo, Mateus teve o cuidado de enfatizar citações de passagens do Velho Testamento.

A principal influência de Cristo na interpretação dos evangelistas foi a desconstrução da ideia de um Messias que tinha sua missão em um plano meramente terreno. Apesar de compreenderem o Mestre como o "prometido" de Israel, eles criam totalmente na natureza divina de Cristo. Basta vermos as palavras de João: *"No princípio era o Verbo, e o Verbo estava com Deus, e o Verbo era Deus"*. (Jo 1.1). Os discípulos tinham plena convicção de que a encarnação de Cristo inaugurava um novo tempo na história, embora não houvesse uma descontinuidade do período veterotestamentário para a Nova Aliança. Ao contrário, Deus-Pai havia anunciado no Velho Testamento e concretizado no Novo Testamento por meio do seu Filho. I Jo 1.1,3: *"O que era desde o princípio, o que ouvimos, o que vimos com os nossos olhos, o que contemplamos e as nossas mãos apalparam, a respeito do Verbo da vida; sim, o que vimos e ouvimos, isso vos anunciamos, para que vós também tenhais comunhão conosco; e a nossa comunhão é com o Pai, e com seu Filho Jesus Cristo"*.

Uma observação importante concernente à interpretação do Antigo Testamento por parte dos Apóstolos é que eles tinham uma sensibilidade espiritual para ler os fatos e associá-los às profecias do Antigo

Testamento. Um exemplo foi o episódio do dia de Pentecostes. O Espírito Santo desceu sobre os que estavam presentes no cenáculo, e falavam em outras línguas. Enquanto algumas pessoas que assistiam insinuaram que aqueles cristãos estavam embriagados, Pedro tomou a palavra e mostrou que aquele acontecimento era o cumprimento do que tinha sido dito por Joel (At. 2.16-21; Jl 2.28-32).

3.3.2- Paulo e o Antigo Testamento

Quando falamos da interpretação dos Apóstolos das Escrituras do Antigo Testamento, uma figura que se destaca é a de Paulo. Este, diferente dos demais, tinha profundo conhecimento da teologia judaica, era fariseu, tinha estudado aos pés de Gamaliel, um rabino da escola de Hillel. A chamada de Paulo foi especificamente singular. Enquanto os 12 Apóstolos estavam confinados às fronteiras da Palestina, inicialmente fazendo do Cristianismo uma espécie de continuidade do Judaísmo, Paulo foi chamado aos gentios, povos que viviam além das fronteiras de Israel.

A vocação de Paulo teve repercussão no seu modo de interpretar as Escrituras. Ele não apenas viu o Cristo como o Messias prometido no Antigo Testamento, mas também, compreendeu o caráter universal da salvação. Na interpretação do Apóstolo dos gentios, a promessa de Deus feita a Abraão (Gn 12.2-3) não compreendia apenas os israelitas, mas incluía todos aqueles que cressem (Rm 4.17). Segundo Paulo, a grande revelação da Nova Aliança era a Igreja que não passou a existir acidentalmente, mas estava nos planos eternos de Deus (Ef. 1.4-11).

3.3.3- A Epístola aos Hebreus e o Antigo Testamento

Dentre os livros do Novo Testamento, certamente nenhum faz alusão ao Antigo Testamento como a Epístola aos Hebreus. Não se sabe ao certo quem a escreveu, no entanto o seu conteúdo concentrou-se em interpretar os ritos judaicos, as partes móveis do Tabernáculo, o sacerdócio levítico, que representavam a Velha Aliança como figuras que tipificavam a Nova Aliança.

Para o escritor aos Hebreus, a mensagem do Antigo Testamento apontava para uma realidade maior e mais sublime que era Cristo. Ele destaca interpretações não devidamente compreendidas até então. Um exemplo é a figura de Melquisedeque, um personagem mencionado em Gênesis (Gn 14.18). Segundo Hebreus, o sacerdócio de Cristo não era segundo a ordem de Arão, mas sim de Melquisedeque (Hb 7).

3.4- Controvérsias sobre a Interpretação do Antigo Testamento pelos Apóstolos

Alguns eruditos têm observado detalhes nas citações feitas nos textos do Novo Testamento que levantam alguns questionamentos. Há os que afirmam que os escritores do Novo Testamento parecem usar partes do Antigo Testamento de forma arbitrária em certos pontos, até mesmo alterando seu sentido original.

Um exemplo do que falamos anteriormente é a aparente discordância que há nas palavras de Paulo referentes à promessa feita a Abraão. Em Gálatas 3.8, o texto afirma que por meio de Abraão todas as nações da terra seriam abençoadas. Já em Gálatas 3.16 diz: *"Ora, a Abraão e a seu descendente foram feitas as promessas; não diz: E a seus descendentes, como falando de muitos, mas como de um só: E a teu descendente, que é Cristo"*. Alguns estudiosos têm suposto, nesse caso, que Paulo tomou emprestado o método rabínico ilegítimo na tentativa de provar seu ponto de vista, já que parece impossível que uma palavra tenha, simultaneamente dois significados, uma referente ao singular e outro plural.

É importante observar que "descendente" pode ter no singular um sentido coletivo. Paulo está dizendo que as promessas foram feitas a Abraão e à sua descendência, mas o cumprimento dessa promessa se realiza em Cristo. Na cultura hebraica, a ideia de uma figura representativa do grupo era comum, ou seja, um indivíduo levando o nome de um grupo que ele representa. Basta vermos Jacó, por exemplo, que algumas vezes é mencionado como toda a nação de Israel.

Questão para Reflexão
A citação de passagens bíblicas do Antigo Testamento no Novo Testamento por parte de Jesus e dos Apóstolos reafirma a inspiração plena dos textos sagrados e a revelação progressiva do plano redentor de Deus para salvar a humanidade. Com base nessa afirmação, como as referências do Antigo Testamento no Novo Testamento podem ser utilizadas em defesa da fé Cristã?

Capítulo 4

A Hermenêutica Bíblica na História da Igreja – Da Patrística à Reforma

No fim do primeiro século, todos os livros da Bíblia Sagrada estavam escritos. As comunidades cristãs já utilizavam os textos como norma de fé. Os anos seguintes reservavam controvérsias teológicas, a necessidade de reafirmar os livros do Cânon, com isso a hermenêutica serviu como parâmetro ao longo da história da Igreja.

4.1- Período Patrístico

Pouco se sabe sobre a hermenêutica dos Pais da Igreja que viveram no fim do primeiro século. No entanto, vários dos seus escritos foram encontrados, e pode-se perceber que eles utilizaram por diversas vezes textos do Antigo Testamento e do Novo Testamento para reforçar suas exortações.

Já a partir do segundo século, começamos a perceber que o desenvolvimento dos princípios hermenêuticos se prende a três diferentes centros da vida da Igreja: a escola de Alexandria, a escola de Antioquia e a escola Ocidental.

4.1.1- Escola de Alexandria

No fim do segundo século, a hermenêutica bíblica foi influenciada especialmente pela escola catequética de Alexandria. Essa cidade era importante centro de estudo e ali a religião judaica e a filosofia grega se encontraram mutuamente e se influenciaram.

Pateno, falecido por volta de 190, é o mais antigo mestre da escola Catequética de Alexandria de que se tem notícia. Ele foi professor de Clemente que viria a se tornar um dos nomes mais destacados dessa escola.

Os principais representantes dessa escola foram Clemente de Alexandria e seu discípulo, Orígenes. Ambos consideravam a Bíblia como inspirada Palavra de Deus, em sentido estrito, e participavam da opinião do seu tempo de que regras especiais deviam ser aplicadas na interpretação das comunicações divinas. Os mesmos defendiam que somente a interpretação alegórica contribuía para um conhecimento real.

Clemente propôs o princípio de que toda a Escritura devia ser entendida alegoricamente. Ele acreditava que a Palavra de Deus ocultava seu verdadeiro significado, a fim de que fôssemos inquiridores, e também porque não é bom que todos entendam. Em sua opinião, o sentido literal das Escrituras poderia fornecer apenas um tipo de fé elementar, enquanto que o sentido alegórico conduziria ao verdadeiro conhecimento.

Clemente desenvolveu a teoria de que cinco sentidos estão ligados às Escrituras: histórico, doutrinal, profético, filosófico e místico. Vejamos a exegese de Gênesis 22.1-4 na visão de Clemente:

Quando, no terceiro dia, Abraão chegou ao lugar que Deus lhe havia indicado, erguendo os olhos, viu o lugar a distância. O primeiro dia é aquele constituído pela visão de coisas boas; o segundo é o melhor desejo da alma; no terceiro a mente percebe coisas espirituais, sente os olhos do entendimento abertos pelo Mestre que ressuscitou ao terceiro dia. Os três dias podem ser o mistério do selo (batismo) no qual cremos realmente em Deus. É por consequência a distância que ele percebe o lugar. Porque o Reino de Deus é difícil de atingir, o qual Platão chama de reino de ideias, havendo aprendido de Moisés que se tratava de um lugar que continha todas as coisas universalmente. Mas Abraão corretamente o vê a distância, em virtude de estar ele nos domínios da geração, e ele é imediatamente iniciado pelo anjo. Por esse motivo diz o Apóstolo: "porque agora vemos como em espelho, obscuramente, então veremos face a face", mediante aquelas exclusivas aplicações puras e incorpóreas do intelecto (VIRKLER, 1992).

Orígenes foi o notável sucessor de Clemente. Tendo aprendido junto ao seu mestre, Orígenes foi além tanto em saber como em influência. Foi o maior teólogo do seu tempo. Ele cria que as Escrituras eram uma vasta alegoria na qual cada detalhe é simbólico.

Orígenes elaborou o Hexapla – obra em o que o texto em hebraico e mais cinco versões gregas do Antigo Testamento ficavam dispostas em seis colunas paralelas. Ele via um sentido triplo nos textos bíblicos: literal, moral e alegórico. Essa convicção baseava-se no fato de ele considerar a Bíblia como meio de salvação do homem, e porque, de acordo com I Tessalonicenses 5.23, o homem consiste de três partes – corpo, alma e espírito.

Mediante a alegorização, Orígenes ensinava que a arca de Noé simbolizava a Igreja e que Noé simbolizava Cristo. O episódio em que Rebeca tirou água do poço para os servos de Abraão significa que devemos recorrer diariamente às Escrituras para ter um encontro com Cristo.

4.1.2- Escola de Antioquia

Percebendo o crescente abandono do sentido literal das Escrituras por parte dos pais alexandrinos, vários líderes da igreja em Antioquia da Síria enfatizaram a interpretação histórico-gramatical. Isto é, segundo os antioquinos, o intérprete deve buscar o sentido mais próximo da intenção do escritor e atentar ao significado daquele texto para os primeiros leitores. Eles incentivaram o estudo das línguas bíblicas originais (hebraico e grego). Assim, formaram uma conhecida escola de interpretação bíblica.

Embora se acredite que foi Luciano o fundador da escola de Antioquia, outros nomes ganharam maior destaque. O primeiro deles foi Diodoro. Este elaborou a obra "Que Diferença há entre Teoria e Alegoria". Ele utilizou o termo teoria como o sentido autêntico do texto. No entanto, os dois mais ilustres componentes da escola antioquina ainda viriam. Tratava-se de Teodoro de Mopsuéstia e João Crisóstomo.

Alguns historiadores e eruditos acreditam ter sido Teodoro o maior intérprete da escola de Antioquia. Ele sustentou um ponto de vista liberal a respeito da Bíblia, questionando a canonicidade de alguns livros Sagrados, mesmo assim, foi chamado o "príncipe da exegese primitiva". Zuck, citando Gilbert, disse: "O comentário de Teodoro sobre as epístolas menores de Paulo é o primeiro e praticamente o último trabalho exegético elaborado na igreja primitiva a ter qualquer semelhança com os comentários modernos" (Zuck, 1994).

João Crisóstomo, o conhecido "boca de ouro" por causa da sua eloquência, foi arcebispo em Constantinopla e considerado o maior comentarista dentre os pais da igreja. Suas obras contêm cerca de 7.000 citações do Antigo Testamento e em torno de 11.000 do Novo Testamento.

4.1.3- Escola Ocidental

Além das duas famosas escolas da Alexandria e Antioquia, apareceu no Ocidente um tipo intermediário de exegese. Esta acolheu alguns elementos da escola alegórica de Alexandria, mas também reconheceu os princípios da escola Síria.

O aspecto que mais destaca a escola Ocidental foi o fato de ela ter acrescentado outro elemento que até então ainda não havia sido considerado: a autoridade da tradição e da igreja na interpretação da Bíblia. A escola Ocidental foi representada por Hilário e Ambrósio, porém os maiores destaques foram Jerônimo e Agostinho.

Jerônimo é mais conhecido pela sua tradução da Bíblia ao latim (Vulgata Latina) do que propriamente pela interpretação da Bíblia. Este era conhecedor do hebraico e do grego, mas seu trabalho no campo exegético consiste principalmente de grande número de notas linguísticas, históricas e arqueológicas. Segundo Berkhof (1965, p. 24): "O que deixava Jerônimo de certo modo em uma condição superior a de Agostinho era exatamente o conhecimento dos originais. Agostinho foi grande na sistematização das verdades bíblicas, porém, não o foi na interpretação das Escrituras".

Agostinho defendia que o intérprete devia estar preparado para sua tarefa, tanto filológica, como crítica, como historicamente e, acima de tudo, devia ter amor ao autor. Enfatizou a necessidade de considerar o sentido literal, mas, ao mesmo tempo, usou livremente a interpretação alegórica. Onde o sentido dos textos sagrados era dúbio, Agostinho deu voz decisiva à interpretação da igreja. Ele adotou um método de quatro sentidos às Escrituras: histórico, etiológico, analógico e alegórico.

4.2- Idade Média

Observamos que nos primeiros séculos da era Cristã, houve um grande desenvolvimento na hermenêutica bíblica por conta das escolas que deram grande contribuição em matéria de interpretação das Escrituras.

No entanto, na Idade Média, a realidade mudou completamente. Em virtude de muitos clérigos viverem em profunda ignorância da Bíblia, num misticismo exagerado, esse período foi escasso no tocante à interpretação bíblica. O que dele se conhecia era somente da Vulgata e através dos escritos dos Pais. A hermenêutica foi amarrada pela tradição, e o que se destacava era o método alegórico. O sentido quádruplo da Escritura pensado por Agostinho era a norma para a interpretação bíblica.

Embora predominasse o método de Agostinho, outros tipos de exegese ainda estavam sendo desenvolvidos. No decorrer do último período medieval, os cabalistas na Europa e na Palestina continuaram na tradição do misticismo judaico. Acreditavam que cada letra, e até mesmo cada possível transposição ou substituição, tinha um valor sobrenatural.

O primeiro nome a se destacar na Idade Média foi o de Gregório, o Grande. Ele é considerado o primeiro papa da Igreja Católica Romana e fundamentava suas interpretações da Bíblia nos Pais da Igreja. Gregório foi um defensor da interpretação alegórica. Vejamos alguns exemplos de sua alegorização: no livro de Jó, os três amigos são os hereges, os sete filhos de Jó, são os 12 apóstolos, as 7.000 ovelhas são pensamentos inocentes, os 3.000 camelos são as concepções vãs, as 500 juntas de bois são as virtudes e os 500 jumentos são as tendências lascivas.

Tomás de Aquino foi o teólogo mais famoso da Igreja Católica na Idade Média. Ele acreditava que o sentido literal das Escrituras era fundamental, mas que outros sentidos apoiavam-se sobre este. Como a Bíblia tem um Autor divino, ela tem um lado espiritual. O sentido literal era o que os escritores tentaram transmitir, mas como Deus é o Autor, podemos encontrar nas Escrituras um manancial de significados que não se resumem a palavras, mas também aos elementos contidos na Bíblia. A isso Aquino chamou de sentido espiritual.

4.3- A Reforma

O fim da Idade Média foi marcado por profundas transformações na história. O divisor desse período aconteceu por meio da Renascença. Nos séculos XIV e XV, havia muita ignorância quanto ao conteúdo da Bíblia. Nesse período, a Bíblia era geralmente lida pelo Clero por meio da tradução de Jerônimo, a Vulgata Latina. No entanto, a Renascença chamou a atenção para a necessidade de se recorrer aos originais.

Dois eruditos chamados Reuchlin e Erasmo mostraram aos intérpretes da Bíblia que tinham o dever de estudá-la na língua em que foi escrita. Esses dois homens publicaram livros sobre gramática hebraica e crítica do Novo Testamento grego. O método de quatro sentidos da Bíblia pensado por Agostinho foi gradualmente sendo abandonado e a ideia de que há apenas um sentido foi se estabelecendo. Isso foi uma reforma hermenêutica.

Os reformadores acreditavam que a Bíblia era a inspirada Palavra de Deus. Com isso, consideravam as Escrituras como autoridade final em todas as questões teológicas. "Contra a infalibilidade da Igreja, eles puseram a infalibilidade das Escrituras" (BERKHOF, 1964, p. 29). O caráter essencial de sua exegese resultou de dois princípios: a Escritura é a intérprete da Escritura, e toda compreensão da Escritura deve ser de acordo com a analogia da fé.

Procuraremos destacar os dois nomes mais influentes da Reforma, a fim de conhecermos melhor seus métodos de interpretar as Escrituras:

4.3.1- Martinho Lutero

Quando o assunto é reforma protestante, sem dúvida o primeiro nome que nos vem à mente é o de Martinho Lutero, o monge alemão que desafiou a Igreja Católica Romana. Falando de hermenêutica, Lutero acreditava que a fé e a iluminação do Espírito Santo eram requisitos indispensáveis para uma correta interpretação bíblica.

Com relação aos métodos de interpretação, Lutero denunciou energicamente a alegorização dos textos bíblicos, chegando a chamá-la de "sujeira" e "escória". De acordo com ele, uma interpretação adequada das Escrituras deve proceder de uma compreensão literal do texto. O intérprete deve considerar em sua exegese as condições históricas, a gramática e o contexto. Em contra-posição aos teólogos católicos, ele defendia que a Bíblia é um livro claro e sua compreensão não se restringe a um grupo privilegiado. Em sua opinião, qualquer cristão devoto pode conhecer as Escrituras.

O fato de Lutero ter rejeitado a alegorização das Escrituras causou uma revolução. O estilo alegórico estivera arraigado na igreja havia séculos. Ao abandonar esse método, Lutero viu-se forçado a encontrar outro meio de explicar aos crentes como o Antigo Testamento se aplicava ao Novo Testamento. Ele fez isso com o argumento de que o Antigo e o Novo Testamento apontam para Cristo. Essa ideia que se tornou um princípio hermenêutico levou Lutero a ver Cristo em muitos lugares na Bíblia.

Um dos grandes princípios hermenêuticos de Lutero dizia que se deve fazer cuidadosa distinção entre a Lei e o Evangelho. Não era correto repudiar a Lei, assim como também era errado fundir a Lei e o Evangelho. No entanto, a distinção cuidadosa de Lei-Evangelho era necessária para o entendimento adequado da Bíblia.

4.3.2- João Calvino

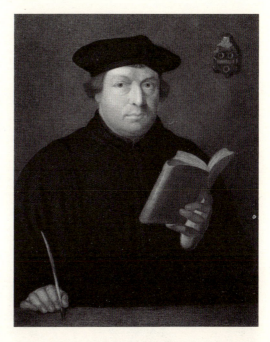

Quando falamos dos reformadores, sem dúvida o nome de Calvino se destaca como o maior exegeta da Reforma Protestante. Suas exposições abrangem quase todos os livros da Bíblia. Calvino concordava, em geral, com os princípios articulados por Lutero e também acreditava que a iluminação espiritual é necessária.

Com relação aos métodos de interpretação, Calvino rejeitou as interpretações alegóricas, chamando-as de "jogos fúteis". Ele achava que a alegorização das Escrituras era uma artimanha satânica para obscurecer o sentido da Bíblia Sagrada. Acreditava firmemente na significação tipológica de muitas coisas do Antigo Testamento. Calvino enfatizava a sentença "A Escritura interpreta a própria Escritura", pois, segundo ele, aludia à importância do estudo da gramática, do contexto, das palavras e de passagens paralelas, em lugar de trazer para o texto o significado do próprio intérprete.

Embora Calvino tenha compartilhado de muitas ideias de Lutero com relação à interpretação das Escrituras, provavelmente ele o superou em harmonizar suas práticas exegéticas com a teoria. Um ponto que Calvino discordava de Lutero era a ideia de que Cristo podia ser encontrado em toda parte da Escritura. Ele reduziu o número de Salmos que poderiam ser considerados messiânicos. Enfatizou que os profetas deviam ser interpretados à luz das circunstâncias históricas.

No prefácio de seu comentário sobre Romanos, Calvino escreveu que "a primeira preocupação do intérprete é deixar o autor dizer o que realmente diz, em vez de atribuir-lhe o que achamos que ele deveria dizer". Calvino conhecia profundamente as Escrituras, o que fica evidente no fato de que suas Institutas continham 1.755 citações do Antigo Testamento e 3.098 do Novo.

Questão para Reflexão

As escolas de Alexandria e Antioquia enfatizaram aspectos diferentes na interpretação das Escrituras: uma utilizou o método alegórico, a outra enfatizou o método histórico-gramatical. Olhando os nossos dias, qual tem sido a tendência mais comum de interpretação das Escrituras?

Capítulo 5

A Hermenêutica Bíblica na História da Igreja – Da Pós-Reforma aos Dias Atuais

O impacto que a Reforma Protestante provocou no mundo da época forçou a Igreja Católica a uma reação imediata. Essa resposta ficou conhecida como Contra-Reforma que aconteceu no Concílio de Trento.

Esse movimento de oposição ao protestantismo definiu que a Bíblia não é a autoridade suprema, mas que a verdade encontra-se "em livros escritos e em tradições não escritas". Essa tradição envolve os Pais da Igreja e os líderes atuais. O Concílio afirmou que uma interpretação só pode ser precisa se for por meio da Igreja Católica Romana, guardiã da Bíblia.

5.1- Período Pós-Reforma – Séculos XVII e XVIII

Os séculos seguinte, XVII e XVIII, foram caracterizados por vários acontecimentos marcantes. Embora a Reforma tivesse resgatado o valor da interpretação histórico-gramatical, reafirmava a máxima de que "A Escritura interpreta a própria Escritura". Alguns desafios estariam por vir face às transformações que estavam ocorrendo na história, os quais afetariam a hermenêutica.

Nesse período de 200 anos, houve grandes avanços no sentido de descobrir o texto original da Bíblia. Surgiram grandes nomes como o de Louis Cappell, considerado o primeiro crítico textual do Antigo Testamento, e também Johann A. Bengel, conhecido como "o pai da crítica textual moderna". Ele foi o primeiro a identificar famílias ou grupos de manuscritos, com base em características comuns.

Dividiremos esse momento em três períodos para melhor compreensão dos principais fatos relacionados à interpretação bíblica na Pós-Reforma.

5.1.1- Confessionalismo
O grande desafio da interpretação bíblica no período pós-reforma era não se deixar submeter ao domínio da tradição e da igreja, como havia sido afirmado na Contra-Reforma no Concílio de Trento.

No entanto, em contrapartida, outro risco sutil parecia cercá-la, que era o confessionalismo das igrejas protestantes. Esse foi um período proeminente das confissões. Era comum cada cidade importante ter seu credo predileto.

Esse foi um período de controvérsias. O protestantismo estava dividido em várias facções. Cada um procurava defender sua própria opinião apelando para a Escritura. Virkler, citando Farrar, observou que esse foi um momento em que se percebia "a Bíblia à luz do fulgor antinatural do ódio teológico". A exegese se tornou serva da dogmática e degenerou em mera busca de textos-provas. Estudava-se a Escritura para justificar as verdades incorporadas nas Confissões. Essa foi uma época de dogmatismo doutrinário.

5.1.2- O Pietismo
Um grupo de cristãos protestantes reagiu a esse período de domínio da exegese dogmática. Eles ficaram conhecidos como pietistas. Philipp Jakob Spener é considerado o pai do pietismo. Ele escreveu um folheto "Anseios Piedosos" e pediu o fim das discussões inúteis, e o interesse ao anseio comum entre os cristãos e as boas obras.

Os pietistas defendiam o estudo da Bíblia nas línguas originais, e sob a influência e iluminação do Espírito Santo. Eles fizeram significativas contribuições para o estudo das Escrituras. No entanto, não ficaram imunes às críticas. No auge do movimento, os pietistas uniram um profundo desejo de entender a Bíblia e tomar seus princípios com muito interesse pelo método histórico-gramatical. Mas, com o passar dos anos, muitos pietistas descartaram a base de interpretação histórico-gramatical e passaram a depender de uma "luz interior" ou de uma "unção do alto".

Chegou um momento em que as interpretações dos pietistas estavam baseadas em impressões subjetivas, e muitas vezes contraditórias, sem nenhuma relação com a intenção do escritor.

5.1.3- Racionalismo

Durante o período que se seguiu à Pós-Reforma, emergiu um movimento conhecido como racionalismo. Tratava-se da posição filosófica que aceita a razão como única autoridade que determina o que é verdadeiro e falso. Desse modo, os milagres e as afirmações que não podem ser explicados racionalmente devem ser rejeitados.

Portanto, à luz do racionalismo, o que podemos extrair da Bíblia como verdades comprovadas são as passagens que correspondem à razão humana, e o que não corresponde deve ser ignorado. Esse modo de pensar cedo causou profundo efeito sobre a teologia e a hermenêutica. Isso aconteceu porque durante vários séculos a igreja havia enfatizado a importância da razão, contudo considerando a revelação superior como meio de entender a verdade.

Dois nomes merecem observações nesse período. Primeiro o de Thomas Hobbes, um filósofo inglês que pregava o racionalismo com tendências políticas. Hobbes interessava-se pela Bíblia como um livro que continha regras e princípios para a república inglesa.

O segundo nome foi o do judeu Baruch Spinoza, que começou a ensinar que a razão humana está desvinculada da teologia. Segundo ele, a teologia (revelação) e a filosofia (razão) pertencem a campos distintos. Desse modo, ele contestava os milagres bíblicos, entretanto estabeleceu várias regras de interpretação das Escrituras, incluindo a necessidade de conhecer os idiomas originais da Bíblia, o hebraico e o grego, e também o contexto de cada livro. Para Spinoza a razão é o critério absoluto para julgar qualquer interpretação de uma passagem bíblica. Essas ideias seriam como sementes que produziriam um novo tempo na história da hermenêutica.

5.2- Da Hermenêutica Moderna aos Dias Atuais

Nos séculos XIX e XX, a crítica da Bíblia alcançou uma dimensão jamais vista antes. Enquanto nos séculos anteriores a autoria divina das Escrituras foi enfatizada, agora o foco era sua autoria humana e as circunstâncias históricas que envolveram o desenvolvimento do texto bíblico.

O começo desse período foi marcado pelo aparecimento de uma escola de interpretação histórica. A fundação dessa escola atribui-se a Semler, um filho de pais pietistas. No seu trabalho sobre o Cânon, chamou a atenção para o aspecto humano da origem histórica e da composição da Bíblia.

Semler formulou um segundo trabalho sobre a interpretação do Novo Testamento e estabeleceu certos princípios de interpretação. Ele observou que o fato de os vários livros da Bíblia e do Cânon se originarem de modo histórico eram historicamente condicionados. Partindo do fato de que os livros foram escritos por diferentes classes de pessoas, concluiu que o seu conteúdo é, em grande parte, local e passageiro. Não pretendiam ter valor normativo para todos os homens em todas as épocas. Segundo Semler, era necessário o intérprete ter em mente essas coisas para interpretar corretamente o Novo Testamento.

Os ensinos de Semler favoreciam a ideia de que as Escrituras são produções humanas falíveis e, de certo modo, transformaram a razão no árbitro da fé. Ele não foi o primeiro a adotar essas ideias, mas expressou o pensamento da época.

Esse período desencadearia três movimentos que afetariam sensivelmente o modo de interpretar as Escrituras: o Liberalismo, a Neo-Ortodoxia e o Fundamentalismo.

5.2.1- Liberalismo Teológico

O racionalismo filosófico lançou os alicerces do liberalismo teológico. Nesse período, alguns eruditos defendiam que a Bíblia contém vários graus de inspiração, sendo que os graus inferiores estavam relacionados aos detalhes históricos. Segundo os defensores desse pensamento, seria possível que os graus inferiores contivessem erros.

Outros teólogos foram além negando totalmente o caráter sobrenatural da Bíblia. Um deles foi Shleirmacher, considerado o pai do liberalismo teológico. Muitos já não mencionavam a inspiração como o processo que Deus guiou os escritores humanos a escreverem os Textos Sagrados. Pelo contrário, a inspiração referia-se à capacidade da Bíblia de inspirar a experiência religiosa.

Outro nome que ganhou destaque foi Benjamin Jowett com a sua obra "Dissertação e Críticas". Segundo ele, "a Bíblia deve ser interpretada como qualquer outro livro, ela não tem caráter sobrenatural, pois em nada se difere de qualquer produção literária".

Nesse momento, aplicou-se à Bíblia o naturalismo. Os racionalistas alegavam que tudo que não estivesse conforme as leis naturais da ciência deveria ser rejeitado. Isso incluía doutrinas como a depravação humana, o inferno, o nascimento virginal, e até mesmo a expiação vicária de Cristo. Os milagres e outros exemplos de intervenção divina eram considerados exemplos de uma mentalidade ultrapassada.

Em virtude da influência do pensamento de Darwin e Hegel, a Bíblia chegou a ser vista como um registro do desenvolvimento evolucionista da consciência religiosa de Israel, e mais tarde da igreja, e não como uma revelação do próprio Deus ao homem. Cada uma dessas ideias influenciou profundamente a credibilidade que os intérpretes davam ao texto bíblico e, consequentemente, teve implicações para os métodos interpretativos.

5.2.2- Os Neo-Ortodoxos

A neo-ortodoxia é um fenômeno do século XX. Ocupa em alguns aspectos uma posição intermediária entre os pontos de vista liberal e ortodoxo. Os neo-ortodoxos romperam com a opinião liberal de que as Escrituras são um produto do aprofundamento da consciência religiosa somente, mas detiveram-se antes de chegar à perspectiva ortodoxa da revelação.

Os que se encontram dentro dos círculos neo-ortodoxos geralmente creem que as Escrituras são o testemunho do homem acerca da revelação que Deus deu de si próprio. Quando alguém lê as palavras das Escrituras ouve e reage com fé à presença divina, então ocorre a revelação. Nesse sentido, a revelação não é considerada algo ocorrido no passado, o qual nos é transmitido nos textos bíblicos, mas uma experiência presente que deve se fazer acompanhar de uma reação existencial da pessoa.

Os pontos de vista dos neo-ortodoxos acerca de diversos assuntos diferem dos ortodoxos tradicionais. A infalibilidade ou inerrância da Bíblia não tem lugar no pensamento da neo-ortodoxia. A Escritura é vista como um compêndio de sistemas teológicos às vezes conflitantes acompanhados por erros fatuais. As histórias bíblicas que destacam uma ação sobrenatural são vistas como mitos. Eles não acreditam na literalidade desses textos. Segundo eles, alguns desses mitos como a criação, a ressurreição, a queda, visam apresentar verdades teológicas.

Portanto, a principal tarefa do intérprete é extrair o mito das verdades históricas a fim de descobrir as verdades nelas contidas.

5.2.3- O Fundamentalismo

Alguns teólogos e líderes conservadores reagiram fortemente aos resultados do liberalismo teológico. Daí surgiu o fundamentalismo que incentivou uma abordagem literal da Bíblia, como livro sobrenatural que é.

Durante os últimos 200 anos, continuou a haver intérpretes que criam que a Bíblia Sagrada representa a Revelação de Deus à humanidade. Na concepção desse grupo, a tarefa do intérprete tem sido procurar compreender mais plenamente o significado intencional dos escritores inspirados por Deus.

Atualmente, e em décadas anteriores a este século, muitos estudiosos evangélicos têm-se dedicado a uma concepção ortodoxa da Bíblia, enfatizando a interpretação gramatical e histórica, participando assim do legado da escola antioquina e dos reformadores.

Questão para Reflexão

Observamos, neste capítulo, os efeitos causados pelo racionalismo e o liberalismo teológico na interpretação das Escrituras. Comparativamente, será que as características dos nossos dias têm afetado nosso modo de interpretar os textos sagrados?

UNIDADE II

A HERMENÊUTICA E OS ESTILOS LITERÁRIOS DA BÍBLIA

A Bíblia, por ser uma composição de livros, contém diversos estilos literários. Os escritores sagrados utilizaram modos de escrita próprios do seu tempo, e a interpretação correta desses escritos varia de acordo com o estilo literário.

Nesta unidade, veremos o modo de interpretar as passagens bíblicas referentes à Lei do Antigo Testamento, e como esses textos se aplicam aos nossos dias; veremos também as narrativas; os textos que tratam das poesias e profecias; a hermenêutica dos Evangelhos e a correta interpretação das Epístolas.

CAPÍTULO 1

Questões Hermenêuticas da Lei do Antigo Testamento

Os primeiros cinco livros da Bíblia formam um conjunto que se chama "Pentateuco", porém, antigamente, era comumente chamado de "Lei". Esse termo deve-se ao fato de nos livros de Êxodo, Levítico, Número e Deuteronômio estarem os preceitos que Yahweh determinou, aos filhos de Israel, que fossem cumpridos.

A questão que surge em torno das leis prescritas por Deus aos filhos de Israel é o caráter específico de alguns desses preceitos. Esses princípios podem ser aplicados aos nossos dias?

Algumas observações precisam ser feitas referentes à interpretação das leis do Antigo Testamento para os dias atuais:

1.1- O Cristão e a Interpretação da Lei do Antigo Testamento

Um dos primeiros desafios do Cristianismo Primitivo foi se desvencilhar das práticas judaizantes que pareciam conduzir aquele seguimento a uma espécie de judaísmo modificado. Passaram-se alguns anos até os Apóstolos assimilarem que a Nova Aliança propunha um novo relacionamento do homem com Deus.

No entanto, algumas passagens específicas da Lei Veterotestamentária foram inseridas no Novo Testamento. Além do mais, o cristianismo validou toda Escritura do Velho Testamento como divinamente inspirada por Deus. Isso resultou em algumas questões hermenêuticas: como aplicar essas passagens que tratam da Lei do Antigo Testamento à realidade cristã da Nova Aliança? Como o leitor poderá ler referências da Lei da Antiga Aliança no Novo Testamento?

Vejamos algumas observações concernentes à interpretação da Lei na Nova Aliança:

a) A Lei Veterotestamentária Representa uma Aliança entre Deus e Israel

No contexto do Antigo Testamento, era comum o estabelecimento de alianças entre o senhor, um chefe supremo e um vassalo, um servo que obedecia fielmente ao seu chefe. Essas alianças eram em forma de contratos que estabeleciam direitos e deveres a ambas as partes. Ao senhor cabia oferecer benefícios e proteção, ao servo, lealdade irrestrita somente ao senhor, com a advertência de castigo, caso houvesse deslealdade para com o patrão.

A lealdade do servo era demonstrada por meio do cumprimento cuidadoso das cláusulas impostas no contrato. Enquanto houvesse obediências aos termos especificados na aliança, o servo desfrutaria do cuidado e da bondade do seu senhor, caso contrário, o acordo previa ações punitivas do senhor ao servo.

A Lei do Antigo Testamento estava disposta com algumas similaridades a essas alianças antigas. Portanto, constituiu um contrato entre Deus (Senhor) e Israel (servo). Os filhos de Israel deveriam guardar os mandamentos estabelecidos por Deus, para que assim gozassem de proteção e benefícios. *"Se andardes nos meus estatutos, e guardardes os meus mandamentos e os cumprires, eu vos darei as vossas chuvas a seu tempo, e a terra dará o seu produto, e as árvores do campo darão os seus frutos; a debulha vos continuará até a vindima, e a vindima até a semeadura; comereis o vosso pão a fartar, e habitareis seguros na vossa terra. Também darei paz na terra, e vos deitareis, e ninguém vos amedrontará. Farei desaparecer da terra os animais nocivos, e pela vossa terra não passará espada"* (Lv 26.3-6).

Sendo a Lei do Antigo Testamento uma aliança entre Deus e Israel, podemos observar claramente algumas disposições que compreendiam o contexto específico em que os hebreus estavam inseridos. A interpretação literal de algumas dessas passagens não fará sentido algum à realidade do leitor dos nossos dias.

b) Alguns Preceitos da Antiga Aliança Claramente não são Renovados na Nova Aliança

Embora a Lei do Antigo Testamento represente uma Aliança entre Deus e seu povo, algumas disposições inseridas na Antiga Aliança não se repetem no Novo Testamento. Há pelo menos duas características presentes nas leis do Pentateuco que não se aplicam aos cristãos: as leis referentes à vida social dos israelitas e as leis relacionadas à prática religiosa daquele povo.

As leis referentes à vida social são aquelas que apresentam penalidades por causa de vários crimes, grandes e pequenos. Tais leis se aplicavam aos cidadãos do antigo Israel. Elas tinham como objetivo estabelecer normas de convivência e zelar pela ordem social. Aquele povo vinha de um contexto de violência e escravidão, no qual os parâmetros de justiça eram estabelecidos por quem os escravizava. Deus intentava ensiná-los que eram todos irmãos, portanto, ninguém tinha poder sobre a vida do próximo. Essas leis servem para nossos dias no sentido literal do texto? Não.

As leis relacionadas à prática religiosa constituem o maior bloco de leis do Antigo Testamento. Elas informavam o povo de Israel como devia proceder na prática da adoração, especificando todos os detalhes, desde as atribuições dos sacerdotes até os tipos de animais que podiam ser sacrificados. Todas essas práticas apontavam para Cristo, aquele que introduziria a Nova Aliança como nos mostra a Epístola aos Hebreus.

c) Alguns Preceitos da Lei são Reafirmados na Nova Aliança

É importante observar que, embora as que regiam a vida social dos filhos de Israel, as cerimônias, não sejam reafirmadas no Novo Testamento como princípios normativos para a conduta do cristão na Nova Aliança, existem outros aspectos da lei ética do Antigo Testamento que são reafirmados no Novo Testamento.

Certamente, Deus pretende que esses aspectos da Antiga Aliança continuem sendo aplicáveis ao seu povo no sentido pleno. Em Mateus 22.37-40, Jesus reafirma dois mandamentos presentes na Velha Aliança (Dt 6.5; Lv 19.18), dos quais a Lei e os profetas dependem. Cristo também citou alguns preceitos do Antigo Testamento, dando-lhes nova aplicabilidade, como nos mostra Mateus 5.21-48.

1.2- Leis Incomuns aos Nossos Dias

Ao lermos os textos da peregrinação dos Hebreus perceberemos um cenário totalmente diferente da vida comum nos dias atuais. Deus explicitou algumas orientações que norteavam o povo naquele empreendimento de conquista e tinha o propósito de mantê-los separados das más influências dos povos cananeus.

Vejamos alguns exemplos:

1.2.1- Leis do Alimento

> Levítico 11.4-7: *"Os seguintes, contudo, não comereis, dentre os que ruminam e dentre os que têm a unha fendida: o camelo, porque rumina mas não tem a unha fendida, esse vos será imundo; o querogrilo, porque rumina mas não tem a unha fendida, esse vos será imundo; a lebre, porque rumina mas não tem a unha fendida, essa vos será imunda; e o porco, porque tem a unha fendida, de sorte que se divide em duas, mas não rumina, esse vos será imundo".*

Essas leis acerca da alimentação dos israelitas não tinham a intenção de demonstrar arbitrariedade da parte de Deus, muito pelo contrário, expressavam um cuidado sério com a saúde física e espiritual do povo.

Os alimentos que Deus havia proibido ao povo hebreu tinham mais probabilidade de transmitir doenças do ambiente árido do deserto e Canaã, além do que, sua produção era rara naquele contexto específico. Como se não bastasse, eram alimentos usados para o sacrifício das religiões dos povos pagãos, cujas práticas Israel não deveria imitar.

Pesquisas médicas indicam que alergias aos alimentos variam de acordo com as populações étnicas. Nesse caso, as leis acerca da alimentação dos israelitas os protegiam de certas doenças. Esses animais referidos por Deus a Moisés trariam problemas de saúde aos hebreus. Interessante observar que o animal mais utilizado como alimento é a ovelha. Fee e Stuart (1984, p. 149) acrescentam que, "segundo especialistas nas alergias aos alimentos, a ovelha é a menos alérgica de todas as carnes principais".

Quando trazemos essas passagens para o contexto Neotestamentário, percebemos que as questões alimentares não foram mais uma preocupação velada dos Apóstolos. Nos ensinos do Apóstolo Paulo, o cuidado com relação a "comer carne" deveria ser regido pelo critério do Amor (Rm 14.15,21; I Co 8.13).

No entanto, no que tange às leis alimentares dos israelitas, fica claro o cuidado de Deus com o bem-estar do seu povo. Aquele povo vinha de uma experiência dolorosa de escravidão. Yahweh estava introduzindo-o em uma vida de liberdade, portanto precisava da consciência de responsabilidade em todas as áreas.

1.2.2- Leis acerca do Sacrifício

Êxodo 29.10-12: *"Farás chegar o novilho diante da tenda da revelação, e Arão e seus filhos porão as mãos sobre a cabeça do novilho; e imolarás o novilho perante o Senhor, à porta da tenda da revelação. Depois tomarás do sangue do novilho, e com o dedo o porás sobre as pontas do altar, e todo o sangue restante derramarás à base do altar".*

Deus estabelecia uma regra importante com tais orientações: o pecado resulta em castigo. O povo percebia que, perante a Lei, o pecador não merece viver. No entanto, havia um modo de a pena do pecado ser removida, era a substituição de animal que recebia a pena de morte no lugar do pecador. Essa oferta era aceita perante Deus.

Obviamente esse procedimento não deve ser tomado como regra necessária para a obtenção do perdão nos nossos dias. Os métodos utilizados no sacrifício tinham aquele contexto específico e apontavam para uma realidade futura e perfeita. Daí a importância de perceber a relação dos textos bíblicos, pois essas passagens serão melhor compreendidas na epístola aos Hebreus.

As leis acerca do sacrifício estabeleciam uma verdade imutável: "...

sem derramamento de sangue não há remissão dos pecados" (Hb 9.22b). Portanto, deveria haver um substituto. Isso apontava para a Obra vicária de Cristo. As leis do sacrifício no Antigo Testamento intencionavam apontar uma realidade perfeita adiante, que era a morte do Cordeiro Imaculado de Deus. Cristo fornece o cumprimento da exigência da Lei e é o fundamento da nossa aceitação perante o Criador.

1.2.3- Leis Específicas

Levítico 19.19: *"Guardareis os meus estatutos. Não permitirás que se cruze o teu gado com o de espécie diversa; não semearás o teu campo com semente diversa; nem vestirás roupa tecida de materiais diversos".* Deuteronômio 14.21: *"Não cozerás o cabrito no leite de sua mãe".*

Qual era a intenção de Deus ao proibir tais coisas? Como a leitura desse texto pode ser aplicada aos nossos dias? Essas são perguntas que o leitor normalmente faz quando se depara com orientações que para a sua realidade não faz nenhum sentido.

Na verdade, essas proibições visavam impedir que os israelitas participassem das práticas dos cananeus de cultuarem a fertilidade. Eles acreditavam naquilo que se chama "magia simpática". Trata-se da ideia de que as ações simbólicas podem influenciar os deuses e a natureza. Pensavam que cozer um cabrito no leite da própria mãe garantiria, de forma mágica, a fertilidade permanente do rebanho. Acreditavam que misturar raças de animais, sementes ou tecidos, produziria abundantes frutos agrícolas.

Obviamente, Deus não abençoaria seu povo se fizesse tais práticas. A influência do culto dos cananeus contaminaria a santidade (separação) exigida por Deus. Além do que, a ideia de manipulação presente nos ritos pagãos era algo mal visto aos olhos de Yahweh.

A leitura dessas passagens deve nos direcionar ao contexto histórico. Em seguida, a aplicação deve atentar para os princípios sugeridos no texto. Assim, o leitor verá a sua relevância para os dias atuais.

1.3- Como Interpretar a Lei do Antigo Testamento

Ao ler textos sobre a Lei da Antiga Aliança, o intérprete deve atentar para a categoria das leis mencionadas, levando em conta o contexto histórico de tais preceitos, se, no caso, tratar-se de mandamentos específicos para os hebreus, não aplicá-los literalmente à realidade atual.

É importante enfatizar que o fato de alguns preceitos da Velha Aliança não serem aplicáveis, no sentido literal, à nossa realidade, isso não invalida o seu valor espiritual. Toda a Bíblia é Palavra de Deus, portanto, de cada porção das Escrituras pode-se extrair lições importantes para a vida em geral.

A percepção do intérprete pode ser facilitada com a própria descrição dos mandamentos, os termos utilizados e a citação desses preceitos no Novo Testamento. Desse modo, é importante o leitor ter o auxílio de um livro sobre o Pentateuco e Maneiras e Costumes nos Tempos Bíblicos. Algumas informações adicionais ao texto podem ajudar na sua compreensão.

Com relação ao expositor das Escrituras Sagradas, este deve cuidar para não usar os textos sobre a Lei isolados da realidade histórica, nem tampouco aplicá-los aos seus ouvintes sem considerar previamente o sentido literal. A falta desse cuidado pode resultar em uma espécie de alegorização sem fundamentação hermenêutica.

Questão para Reflexão

Os primeiros cristãos lidaram com o desafio de combater os judaizantes, que eram pessoas que insistiam na continuação da Lei mosaica como requisito necessário à salvação. Nos dias atuais, a Igreja de Cristo ainda enfrenta tais desafios. Sendo assim, como o estudo da hermenêutica pode preparar o cristão para que não seja enganado com os falsos ensinos dos judaizantes nos dias de hoje?

Capítulo 2

A Hermenêutica das Narrativas do Antigo Testamento

Outra categoria literária da Bíblia são os textos narrativos. As histórias bíblicas compreendem boa parte das Escrituras. Só no Antigo Testamento chega a ser mais de 40%. No Novo Testamento, temos porções nos quatro Evangelhos e nos Atos dos Apóstolos.

Portanto, no que tange à hermenêutica, como podemos fazer uso desses textos? Como interpretá-los corretamente sem desconsiderar seu sentido literal, mas também aplicá-los à vida cotidiana? Essas são perguntas que precisam de respostas, a fim de que o intérprete faça uso correto do texto.

Algumas considerações precisam ser enfatizadas:

2.1- As Narrativas Bíblicas são Fatos Reais

A Bíblia Sagrada não lida com "estórias", contos improváveis, mas todas as narrações nela contidas foram situações reais que envolveram pessoas, tempo e lugar. Ela trata da história de Deus e de seu povo. Segundo Fee e Stuart (1984, p 64), "essa é uma história magnífica, mais grandiosa do que qualquer epopeia, mais rica na sua trama, e mais significante nas suas personagens e descrições do que qualquer história humanamente composta poderia vir a ser".

A credibilidade das narrativas bíblicas é corroborada pelos registros históricos de outros autores, achados arqueológicos, e também pela idoneidade dos seus escritores. Em algumas situações, há um envolvimento dos escritores com a própria cena descrita, no entanto, mesmo assim, a veracidade dos fatos é salvaguardada.

Ao lermos as narrativas das Escrituras, não encontramos omissão de ações dos heróis da trama, mesmo aquelas reprováveis. Por exemplo, Davi, o "homem segundo o coração de Deus", cometeu falhas gravíssimas. Adulterou com Bate-Seba e arquitetou a morte do marido da mulher com quem ele se envolveu. Temos vários registros de reis bons e maus, no entanto nunca encontramos uma atitude velada dos escritores de engrandecer indivíduos a despeito daquilo que eles eram na vida cotidiana.

2.2- Existem Três Dimensões nas Narrativas Bíblicas

As histórias bíblicas não são fatos isolados, independentes uns dos outros. Pelo contrário, há uma sequência entrelaçada de acontecimentos que se relacionam entre si. O leitor perceberá que as ações de pessoas em determinado momento tinham repercussão na vida de outras em um período diferente.

Para compreendermos melhor essa inter-relação das narrativas, tomemos um modelo proposto por alguns exegetas que dividem a história geral da Bíblia em três dimensões: superior, intermediária e inferior.

2.2.1- A Dimensão Superior

Essa dimensão compreende os fatos de envolvimento universal. Nas narrativas bíblicas, conhecemos sobre o Deus da humanidade, a criação do mundo, a universalidade do pecado, juízos universais de Deus, a promessa do Messias. Esses são alguns tópicos encontrados na Bíblia que têm repercussão geral.

Embora algumas pessoas defendam que a Bíblia é um livro judaico-cristão que diz respeito exclusivamente aos judeus e cristãos, sua mensagem deixa claro que tem relevância universal. Em muitas passagens bíblicas dos profetas, vemos Deus se dirigindo a outros povos, enfatizando seu interesse e domínio sobre todas as nações.

Observando com mais detalhes a dimensão superior das narrativas bíblicas, vemos que Deus, o Senhor de todas as coisas, criou o homem e a mulher com objetivos específicos. Desse casal, surgiria toda a humanidade. Na relação de Deus com o casal, havia uma ordem explícita que deveria ser obedecida. A desobediência dessa ordem teria implicações universais. O casal pecou, e partir daquele momento Deus pôs em prática um plano que restauraria a humanidade afetada pelo pecado do primeiro homem.

As narrativas bíblicas apontam o caminho pavimentado por Deus para a chegada do Salvador do Mundo. Essa é a dimensão superior das histórias bíblicas.

2.2.2- A Dimensão Intermediária

Essa dimensão envolve a chamada de um homem, Abrão. Deus propôs a esse homem uma aliança que faria dele uma nação, e por meio da sua semente abençoaria todas as nações da terra.

As narrativas bíblicas tratam da história de um povo. Conhecemos sua origem, seu desenvolvimento como nação, seus desafios históricos, incluindo a servidão no Egito, a peregrinação em busca de uma terra e as lutas pela preservação da sua etnia.

Se no plano superior Deus pretendeu salvar a humanidade por meio da encarnação do seu Filho, no intermediário ele escolheu Israel para ser a nação da qual o Salvador descenderia.

As narrações bíblicas descrevem os dramas dessa família, e seus principais personagens, aqueles que diretamente estavam envolvidos na linhagem genealógica do Messias.

2.2.3- Dimensão Inferior

É importante observar que cada narrativa individual (dimensão inferior) do Antigo Testamento é parte da narrativa maior da história de Israel (dimensão intermediária), que, por sua vez, faz parte do plano universal de Deus (dimensão superior) da criação e redenção da humanidade.

Nessa dimensão, encontramos as centenas de narrativas que abrangem as duas outras dimensões. Conhecemos detalhes da vida dos personagens que compõem as narrativas da Bíblia. Em Gênesis, lemos como os irmãos de José o venderam a uma caravana de árabes indo para o Egito; no livro dos Juízes, vemos como Sansão foi traído por Dalila e entregue aos filisteus; em 2 Samuel, sabemos como se deu o adultério de Davi com Bate-Seba. Estes são exemplos de histórias individuais que compõem a dimensão inferior.

A consciência dessa hierarquia de narrativas bíblicas ajuda o intérprete a evitar o risco de fragmentar o texto, tirando conclusões de partes isoladas sem atentar para o sentido mais amplo. Um exemplo são as histórias do período da conquista e a judicatura. O leitor, quando se depara com os textos de Josué acerca da tomada da terra de Canaã, pode questionar o que justificaria a invasão dos hebreus às terras dos cananeus e a forma com que foram destruídos. Do mesmo modo, Sansão, após ter ficado cego e sem forças, orou ao Senhor para se vingar dos seus inimigos, e após ser atendido matou-se a si próprio e aos filisteus que festejavam no templo. O entendimento dessas passagens torna-se viável à medida que o leitor considera as dimensões maiores que compreendem as narrativas individuais.

2.3- As Narrativas Bíblicas não são Histórias Cheias de Significados Ocultos

Quando lemos as narrativas bíblicas, devemos ter em mente que nem sempre as formas de Deus operar através da história são plenamente compreensíveis a todos nós. No entanto, não devemos buscar um significado oculto em cada situação.

As narrativas não respondem a todas as nossas perguntas acerca de uma determinada questão. Elas nos oferecem apenas uma parte do quadro geral daquilo que Deus faz na história. Temos de aprender a ficar satisfeitos com essa compreensão limitada e restringir a nossa curiosidade em muitos pontos. A falta de cuidado nesse aspecto pode levar o leitor a buscar detalhes nas entrelinhas a ponto de acrescentar coisas que não estão na história. Esse equívoco geralmente acontece quando o intérprete busca excessivamente significados obscuros em números, nomes de pessoas e lugares, ou tenta de qualquer modo explicar os fenômenos encontrados nas narrativas bíblicas. Como diz Fee e Stuart (1984, p. 67): "Deus simplesmente não nos contou na Bíblia como fez tudo quanto fez".

2.4- As Narrativas nem Sempre Ensinam de Forma Direta

Embora as narrativas bíblicas não ensinem necessariamente de forma direta, frequentemente ilustram aquilo que é ensinado em outros trechos. Trata-se de um tipo de ensino implícito que em combinação com os ensinos explícitos das Escrituras é altamente eficaz em gerar o aprendizado que o Espírito Santo usa de modo positivo.

Podemos encontrar um exemplo da afirmação de que as narrativas nem sempre ensinam de forma direta na história de Davi e Bate-Seba. No texto de 2 Samuel 11, o leitor não encontrará a afirmação de que ao adulterar e assassinar Davi fez o que era errado. A narrativa não ensina sistematicamente acerca do homicídio e adultério, e não pode ser usada exclusivamente para isso. Na verdade, veremos de modo explícito acerca desses pecados em Êxodo 20.13,14. No entanto, a história pode ser usada como uma ilustração dos efeitos desses pecados e transmite uma mensagem poderosa que se fixa na mente do leitor de uma maneira que o ensino direto talvez não consiga.

Questão para Reflexão

Aprendemos, neste capítulo, como interpretar as passagens bíblicas que contêm narrativas. Com base nas lições aprendidas, quais os cuidados que o intérprete das Escrituras deve tomar ao ler as narrações bíblicas?

CAPÍTULO 3

A Hermenêutica da Literatura Poética e dos Profetas

No Antigo Testamento, temos uma composição de livros poéticos e profecias. Embora os profetas em algumas ocasiões tenham se utilizado da poesia para transmitir suas mensagens, procuraremos fazer uma distinção atentando para as divisões básicas do Antigo Testamento que posiciona os livros poéticos de Jó a Cantares, e os livros proféticos de Isaías a Malaquias.

Este capítulo será dividido em duas partes observando a hermenêutica da literatura poética e das profecias no Antigo Testamento.

3.1- A Literatura Poética

O poema era utilizado nas culturas orientais como meio de preservar a história dos povos. Em Israel, a poesia era apreciada como meio de aprendizagem. Muitas coisas que eram suficientemente importantes para serem lembradas eram consideradas apropriadas para a composição na forma poética.

A composição dos poemas se dava por meio de um ritmo, chamado métrica, e de uma estrutura, chamada paralelismo. Deus falou ao seu povo através desse estilo literário, numa época em que ler e escrever eram habilidades raras. Os israelitas achavam relativamente fácil memorizar e relembrar coisas compostas em poesias.

Portanto, veremos algumas observações que ajudarão o intérprete a entender melhor os textos poéticos das Escrituras Sagradas.

3.1.1- A Poesia Hebraica Contém Paralelismo

Os poemas eram palavras inspiradas por Deus através do coração do poeta. Devemos tomar cuidado no exercício de interpretar os textos poéticos para não encontrarmos significados especiais em toda palavra ou frase, em que o poeta não teve a mesma intenção.

A natureza da poesia hebraica sempre envolve paralelismo, e uma das formas de expressão é o paralelismo sinonímico (em que a segunda linha repete ou reforça a ideia da primeira linha). Nesse tipo de paralelismo, as duas linhas expressam a intenção do poeta. Desse modo, a segunda linha não está tentando dizer algo diferente da primeira. Observemos o exemplo do Salmo 114.1:

Quando Israel saiu do Egito,
e a casa de Jacó de um povo bárbaro.

A intenção do poeta é falar da saída do povo de Israel do Egito. Nota-se que nas duas linhas ele não está dizendo duas coisas diferentes, embora não esteja usando termos idênticos. "Israel e "Jacó" são a mesma coisa nesse texto, assim como "Egito" e "povo bárbaro".

Outra forma de paralelismo é o antitético. Trata-se daquele cuja ideia da primeira linha é apresentada na segunda, pela evocação da ideia contrária, oposta. Um exemplo está em Salmo 30.5:

Pois a tua ira dura só um momento,
Mas no seu favor está a vida;
O choro pode dura uma noite,
Mas a alegria vem pela manhã.

3.1.2- A Literatura Poética é Composta de Poemas Musicais

Não se pode ler um poema musical assim como outro gênero literário. Ele tem a intenção de apelar às emoções mais do que escritos como narrativas, ou uma seção da Lei. A ideia é estimular uma resposta do indivíduo que vai além de um entendimento meramente cognitivo de fatos.

Um exemplo de poemas musicais são os Salmos. É perigoso ler os textos dos salmistas como se fosse um sistema de doutrinas. O fato de os Salmos abordarem algumas questões de forma musical e poética não permite que as pessoas os interpretem racionalmente tomando de forma literal os termos usados. Por exemplo, Salmos 18.6-8: *Na angústia invoquei ao Senhor, e clamei ao meu Deus; desde o seu templo ouviu a minha voz, aos seus ouvidos chegou o meu clamor perante e sua face. Então a terra se abalou e tremeu; e os fundamentos dos montes também se moveram e se abalaram, porquanto se indignou. Das suas narinas subiu fumaça, e da sua boca subiu fogo que consumia; carvões se acenderam dele.*

O leitor dos Salmos não pode interpretar literalmente esse cântico do salmista. Na verdade, Davi entoa esse cântico ao Senhor pela vitória sobre seus inimigos e utiliza termos da poesia para relatar como se deu a intervenção do Todo-Poderoso.

3.1.3- O Vocabulário da Literatura Poética é em Grande Parte Metafórico

O intérprete da Bíblia deve atentar para o uso comum de metáforas e buscar sua verdadeira intenção. O Salmo 114.4 – "os montes saltam como carneiros" – mostra uma forma de louvar ao Senhor pelos milagres que acompanharam o Êxodo; Deus é visto de modo variado como pastor, fortaleza, escudo e rocha. Desse modo, é extremamente importante compreender a metáfora e o que significa.

Quando o leitor se depara com textos poéticos, é necessário que não force as metáforas, nem as entenda literalmente. Se alguém entendesse o Salmo 23 literalmente, por exemplo, poderia cometer o erro de tomar por certo que Deus quer que vivamos uma vida rural e pastoril, deixando a impressão que refere-se a um tratado contra a vida da cidade. Uma incapacidade de apreciar a linguagem simbólica e de traduzir as noções mais abstratas da literatura poética pode levar a pessoa a aplicar erroneamente essas figuras de linguagem.

3.2- Interpretando os Textos Proféticos

Os livros dos profetas compõem a maioria entre as categorias existentes na Bíblia. Ao todo, são quatro Profetas Maiores e doze Profetas Menores. Sem dúvida, trata-se dos textos mais difíceis de serem interpretados ou lidos com entendimento. A causa disso diz respeito à falta de clareza quanto à sua função e forma.

Vejamos alguns cuidados que o intérprete deve tomar quando ler os textos proféticos:

3.2.1- As Profecias Não Eram Somente Predições de um Futuro Distante

A primeira dificuldade que o intérprete encontra ao ler os textos proféticos parte da compreensão da palavra profecia que aparece definida na maioria dos dicionários como "prenúncio ou a predição daquilo que está por vir". Portanto, muitos cristãos leem os textos proféticos atentando sempre para os fins dos tempos, como se a predição de eventos muitos distantes dos seus próprios dias fosse a principal preocupação dos Profetas.

Os Profetas eram pessoas que acompanhavam diariamente a realidade do povo. Não se tratava de homens confinados a um estado permanente de meditação, pelo contrário, suas mensagens continham exortações, denúncias contra o sistema corrupto instaurado e consolo ao povo sofrido. Eles realmente anunciavam o futuro. Mas, usualmente, era o futuro imediato de Israel, Judá e outras nações circunvizinhas. Uma das chaves para a compreensão dos Profetas é enxergarmos os tempos que para eles ainda eram futuros, mas que para nós são passados.

A interpretação correta dos textos proféticos pode ser melhor auxiliada com a ajuda de Dicionários Bíblicos e Manuais Bíblicos. Essas ferramentas situarão o leitor no contexto das profecias. Compreender o momento histórico vivenciado pelos Profetas esclarecerá algumas posturas, de certa forma estranhas aos dias atuais.

O contexto histórico pode ser visto a partir de uma dimensão maior ou específica. O bom intérprete deve compreender os dois tipos de contexto histórico para todos os livros proféticos. A dimensão maior trata-se do contexto em que o Profeta viveu; a específica, do contexto de uma única profecia.

3.2.2- O Contexto Geral das Profecias

Falando do contexto maior, é interessante notar que os dezesseis livros proféticos do Antigo Testamento provêm de um período relativamente pequeno, relacionado ao panorama inteiro da história de Israel, cerca de 760-460 a.C.

Alguém pode perguntar: por que há um registro tão concentrado da palavra profética durante os três séculos entre Amós e Malaquias? A resposta é que esse período na história de Israel exigia uma mediação para que o povo observasse a Aliança. Essa era uma tarefa do Profeta. Além do mais, Deus intencionava registrar as advertências e bênçãos que eram profetizadas em nome dele durante aquele período.

O contexto que abrange o período dos textos proféticos era caracterizado por transtornos políticos, militares, econômicos e sociais sem precedentes; um nível enorme de infidelidade e desrespeito para com a aliança mosaica e mudança das populações e das fronteiras nacionais. O leitor dos textos sagrados notará que já em 760 a.C. Israel era uma nação dividida entre reino Norte e reino Sul.

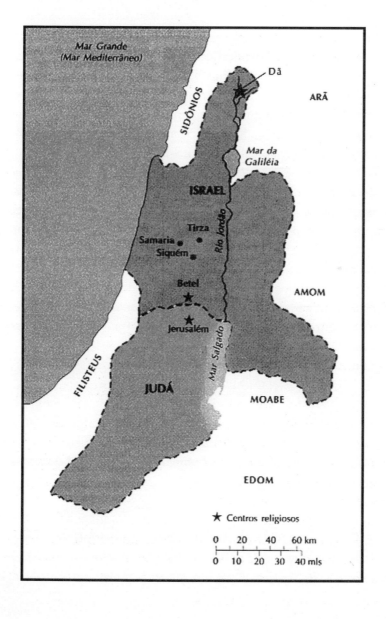

O reino Norte, onde o pecado crescia desenfreadamente, foi destinado por Deus à destruição pelos assírios, assim como havia sido proclamado por Amós e Oséias. O reino Sul, seguindo o mesmo caminho de desobediência, embora também advertido pelos profetas Isaías, Jeremias, Joel, Miquéias, Naum, Habacuque e Sofonias, não se arrependeram e a consequência foi a destruição pelos babilônicos. Após a destruição do reino, Deus levantou Profetas como Ezequiel, Daniel, Ageu, Zacarias e Malaquias que orientaram o povo acerca do retorno do exílio e da reconstrução.

3.2.3- O Contexto Específico das Profecias

Falando do contexto específico das profecias, vale ressaltar que Deus usou os Profetas num determinado lugar, tempo e circunstâncias específicas. Um conhecimento da data, do público e da situação contribui substancialmente para a capacidade do leitor compreender o texto profético.

Como exemplo, vejamos Oséias 5.8-10. A data é 734 a.C. e o público consiste em israelitas do Norte. Especificamente, a mensagem era dirigida a certas cidades no caminho da capital de Judá, Jerusalém, para o centro do falso culto israelita, Betel. A situação é de guerra. Judá, aliada com a Assíria, fez um contra-ataque ao reino Norte, por ele, juntamente com a Síria, ter invadido Judá. Deus através de Oséias anuncia as cidades localizadas no território de Israel, mas também não deixa de enfatizar que as cidades de Judá receberão seu castigo (v.8). A destruição será certa (v.9) porque Judá tomará os territórios que invadir. No entanto, a ira de Deus cairá sobre as duas nações por esse ato de guerra e idolatria.

Vejamos que conhecer esses fatos da profecia de Oséias 5.8-10 ajudou compreender o texto. No entanto, nem sempre essa tarefa é fácil. A maioria dos textos proféticos não situa o leitor no tempo em que eles foram proferidos. Temos algumas exceções. Em Ageu e nos primeiros capítulos de Zacarias, por exemplo, cada profecia tem sua data. Outros Profetas como Jeremias e Ezequiel têm algumas profecias datadas. Com o auxílio de um manual bíblico, o leitor pode seguir a progressão das profecias no seu contexto específico.

3.2.4- As Formas Literárias da Mensagem Profética

A Bíblia é composta de vários estilos literários. Assim como em outros casos, os Profetas tinham um modo peculiar de transmitir suas mensagens. O leitor atento notará que algumas colocações foram comuns a todos os mensageiros. Eles se utilizaram de termos usuais da sua época a fim de tornar claro o oráculo de Deus ao povo.

Um primeiro exemplo são os termos jurídicos empregados nas profecias. Comumente Deus é retratado nas profecias de modo imaginativo como sendo um juiz num processo jurídico contra o réu, Israel. Isaías 3.13-26 é exemplo dessas profecias. O cenário descrito no texto mostra claramente a forma completa do processo jurídico. O tribunal é convocado e o processo contra Israel é instaurado (vv. 13-14). A acusação é feita (vv. 15-16). Visto que, com base nas evidências, o réu é culpado, sai o veredicto da condenação. O estilo figurado dessa alegoria é um modo dramático de comunicar a Israel o seu pecado e o castigo como consequência.

Um segundo exemplo de formas literárias comuns nas mensagens proféticas é o termo "Ai". Essa era uma palavra que os israelitas exclamavam quando enfrentavam a desgraça ou a morte, ou quando lamentavam num enterro. Através dos Profetas, Deus faz predições da condenação final, empregando o "Ai". Nenhum israelita deixaria de perceber a relevância do emprego daquela palavra.

Outro exemplo de formas usuais dos Profetas transmitirem a mensagem eram as promessas. O leitor perceberá sempre que estiver descrito predições acerca do futuro, mudanças radicais, e a menção de bênçãos. Quando se tratava do futuro, era comum o termo "Naquele dia". Sobre as mudanças radicais, os Profetas enfatizavam a restauração do trono de Davi. Com relação às bênçãos, falavam do retorno do exílio, e nesse item se incluía a vida, a saúde, a prosperidade, a abundância agrícola, o respeito e a segurança.

Questão para Reflexão

Os textos poéticos e os proféticos estão entre os mais difíceis de serem interpretados em virtude do uso constante da linguagem figurativa. Quais ferramentas podem auxiliar o leitor na busca pela compreensão do real sentido desses textos?

CAPÍTULO 4

Interpretando os Evangelhos

Embora algumas pessoas acreditem que os Evangelhos são de fácil interpretação, é necessário atentar para alguns detalhes. Primeiro, que os escritores escreveram acerca do ministério de Cristo vivendo em um contexto judaico, no entanto, fortemente influenciado pelos gregos e romanos. Segundo, pelo fato de terem escrito sobre basicamente o mesmo assunto, percebem-se algumas diferenças de detalhes que não passam despercebidos ao leitor.

O propósito dos evangelistas era especificamente narrar os fatos acerca de Jesus com o objetivo de mostrar ser ele o Messias prometido de Deus. Sendo assim, eles tinham um público em mente que deveria ser alcançado com os seus escritos. Desse modo, a tarefa do intérprete constitui-se em captar o máximo possível da intenção dos escritores, bem como o entendimento dos leitores das primeiras cópias dos seus escritos.

4.1- As Características dos Evangelhos

Ao ler os Evangelhos, o intérprete observará que, embora tratem da vida e do ministério de Cristo, os escritores tiveram características particulares que podem claramente ser percebidas nos termos utilizados e no destinatário dos seus escritos.

Embora a ordem dos livros no Novo Testamento não esteja de acordo com a ordem cronológica, o Evangelho de Mateus tem como principal característica mostrar, por meio da sua vida e do seu ministério, ser Cristo o Messias, herdeiro do trono de Davi. Isso fica claramente percebido já nas suas primeiras palavras, como nos mostra o primeiro versículo: *"Livro da geração de Jesus Cristo, filho de Davi, filho de Abraão".*

Em virtude da grande maioria dos primeiros leitores de Mateus ser judeu, algumas colocações são feitas com o propósito de atingir esse público. Por exemplo, o evangelista procurou enfatizar a realeza de Cristo, usando termos como "reino de Deus", "reino dos céus", além do mais, chamou a atenção dos leitores para as características do Messias relacionando-as à vida do seu Mestre. Outro aspecto que demonstra o foco de Mateus nos leitores predominantemente judeus é a citação frequente de instituições judaicas.

O Evangelho de Marcos, provavelmente o primeiro a ser escrito, teve como ênfase apresentar Cristo como o "Servo" a fim de encorajar os irmãos romanos em meio às perseguições. O escritor intencionava que seus leitores tomassem o exemplo de Cristo, como observou: *"E chamando a si a multidão com os discípulos, disse-lhes: Se alguém quer vir após mim, negue-se a si mesmo, tome a sua cruz, e siga-me"* (Mc 8.34). É comum encontrarmos termos que indiquem ação, uso próprio do militarismo romano.

O Evangelho de Lucas tem algumas peculiaridades que merecem destaque. Primeiro, trata-se do único escritor da Bíblia que não era judeu. Depois, seu estilo de escrita tem recebido elogios dos maiores críticos em virtude do modo polido, próprio de um erudito como o era.

Lucas procurou, em seu livro, apresentar Cristo como o "Homem perfeito". Seus leitores eram predominantemente gregos. O fato de ser um pesquisador possibilitou a menção de muitos detalhes que passaram despercebidos aos outros evangelistas. O intérprete pode comparar as descrições dos últimos dias de Cristo, observando sua morte e ressurreição que perceberá traços e detalhes somente observados por Lucas.

O último dos quatro Evangelhos foi João, que teve como propósito apresentar o Cristo como o "Filho de Deus". Por isso, é sem dúvida o mais teológico de todos os Evangelhos. Desde o primeiro momento, a intenção de João é enfatizar a Divindade de Cristo. Suas palavras iniciais destacam o papel do Unigênito de Deus na criação do mundo e na execução do plano redentor.

Um termo comum nos escritos joaninos foi a afirmação de Cristo: "Eu sou". Ele relatou vários milagres, mostrando neles provas suficientes de que Jesus era, de fato, Deus encarnado. As palavras de João indicam sua intenção ao escrever seu livro: *"Jesus, pois, operou também em presença dos seus discípulos muitos outros sinais, que não estão escritos neste livro. Estes, porém, foram escritos para que creiais que Jesus é o Cristo, o Filho de Deus, e para que, crendo, tenhais vida em seu nome"* (Jo 20.30-31).

4.2- Figuras de Linguagem nos Evangelhos

O intérprete da Bíblia deve atentar sempre ao uso dos termos e buscar entendê-los com base no contexto histórico o significado. Nos Evangelhos, por diversas vezes os escritores transcreveram as palavras de Cristo. Frequentemente, o Mestre ensinava por parábolas, no entanto, ele utilizou diversas formas de ensino.

Um exemplo de figuras de linguagem está em Mateus 5.29-30: *"Portanto, se o teu olho direito te escandalizar, arranca-o e atira-o para longe de ti; pois te é melhor que se perca um dos teus membros do que seja todo o teu corpo lançado no inferno. E, se a tua mão direita te escandalizar, corta-a e atira-a para longe de ti, porque te é melhor que um dos teus membros se perca do que seja todo o teu corpo lançado no inferno"*. Todos nós sabemos que essas palavras não podem ser tomadas literalmente. Jesus fazia uso dessa linguagem figurada a fim de ensinar seus seguidores a tirar das suas vidas aquilo que os induzia ao pecado. Outros exemplos podem ser vistos em Mt 6.21; Mt 7.7-8; Mt 10.16; Mt 17.25, etc.

Portanto, o estudante, ao ler os Evangelhos, deve atentar para as figuras de linguagem e não interpretá-las literalmente. Para melhor compreensão, ele precisa estar munido de um dicionário bíblico, manual bíblico e comentários.

4.3- Estudando Paralelamente os Evangelhos

É de suma importância que o leitor consiga ver os textos dos Evangelhos de forma horizontal. Isso significa averiguar passagens paralelas nos quatro livros. Embora essa observação deva ser tratada com cuidado, visto que nenhum dos evangelistas pretendeu que o seu Evangelho fosse lido em paralelo com os demais, o fato de existirem quatro livros do mesmo assunto no cânon, significa que não devem ser lidos totalmente isolados.

O motivo para pensarmos nos textos dos Evangelhos horizontalmente não deve ser necessariamente a tentativa de preencher a história em um livro com detalhes tirados do outro, mas sim pelo fato de os textos paralelos fornecerem uma percepção dos aspectos que distinguem os Evangelhos, e também as características similares que indicam a fonte de consulta dos escritores.

Quando o intérprete estabelece uma relação entre os Evangelhos, é impossível acreditar que foram obras escritas independentes umas das outras. Basta ver o alto grau de semelhança verbal entre Mateus, Marcos e Lucas nas suas narrativas, bem como na sua maneira de registrar as palavras de Jesus. Isso se torna mais evidente quando percebemos que essas palavras foram primeiramente ditas em aramaico, ao passo que escritas em grego a ordem das palavras é livre. Mas, com frequência a semelhança do texto se estende à ordem exata das palavras.

Portanto, é improvável que três pessoas em lugares diferentes contassem a mesma história com as mesmas palavras. Segundo Fee e Stuart (1984, p. 108): "As estatísticas mostram uma porcentagem de concordância de Mateus com Marcos de 59%, de Mateus com Lucas de 44% e de Lucas com Marcos de 40%".

A melhor explicação para essas semelhanças é que Marcos provavelmente escreveu seu Evangelho primeiro, Lucas e Mateus tinham acesso aos escritos de Marcos e usaram como fonte para os deles. Além disso, tinham acesso a outros tipos de matérias acerca de Jesus, algumas das quais tinham em comum. No entanto, essa matéria em comum raramente é apresentada na mesma ordem nos dois Evangelhos. Isso sugere ser possível que nenhum deles teve acesso ao Evangelho do outro.

Vejamos na tabela como isso pode ajudar o intérprete:

Mt 24.15-16	Mc 13.14	Lc 21.20-21
Quando, pois, virdes	Quando, pois, virdes	Quando, porém, virdes Jerusalém sitiada de exércitos, sabei que está próximo a sua
o abominável da desolação de que falou o profeta Daniel	o abominável da desolação	Devastação
no lugar santo	situado onde não deve estar	
(quem lê, entenda),	(quem lê, entenda),	
então, os que estiverem na Judéia fujam para os montes	então, os que estiverem na Judéia fujam para os montes	Então os que estiverem na Judéia fujam para os montes;

Deve ser observado que essas palavras contidas na tabela foram pronunciadas no Sermão Profético, exatamente na mesma sequência em todos os três Evangelhos. Quando Marcos registrou o discurso de Cristo, estava conclamando seus leitores para uma reflexão acerca daquilo que o Mestre queria dizer com "o abominável da desolação situado onde não deve estar". Mateus, inspirado pelo Espírito Santo, ajudou seus leitores a tornar as palavras um pouco mais explícitas: "o abominável da desolação de que falou o profeta Daniel", e o que Jesus queria dizer com "onde não deve estar" era no "no lugar santo". Do mesmo modo, Lucas tendo como público leitores gentios, deixou-os compreender da seguinte forma: "Quando, porém, virdes Jerusalém sitiada de exércitos, sabei que está próximo a sua devastação".

4.4- As Narrativas nos Evangelhos

Alguns eruditos destacam o aspecto histórico dos Evangelhos. Na verdade, as narrativas tendem a funcionar de várias maneiras no entendimento dos evangelistas. As histórias dos milagres, por exemplo, não são registradas para oferecer lições de moral, ou para servir de precedentes. Pelo contrário, funcionam nos Evangelhos como ilustrações vitais do poder de Cristo instaurando o Reino. Embora possam ilustrar a fé, o medo ou o fracasso de modo indireto, essa não é a sua função primária.

Algumas histórias, como a do jovem (Mc 10.35-45), estão colocadas num contexto de ensino em que a própria história serve como ilustração daquilo que está sendo ensinado. Sendo assim, não significa que todo seguidor de Cristo deve vender todas as suas posses. Ao contrário, a história ilustra a lição de quão difícil é para os ricos entrarem no Reino porque têm compromisso previamente com os bens.

Questão para Reflexão

Embora os Evangelhos sejam considerados escritos de fácil interpretação, existem cuidados necessários que o leitor deve tomar para a compreensão real do texto. Quais os equívocos mais comuns percebidos quanto à interpretação dos Evangelhos?

CAPÍTULO 5

A Hermenêutica das Epístolas

A carta era um meio de comunicação usual nos primeiros séculos. Ela geralmente era composta de seis partes: o nome do escritor, o destinatário, a saudação, oração – um desejo ou ações de graças, o corpo e a saudação final. Basta olhar atentamente uma das Epístolas que veremos o texto nesse formato.

A Igreja Cristã utilizou esse recurso para circular orientações da parte dos Apóstolos. Sendo um excelente recurso de acompanhamento pastoral, os líderes da igreja primitiva, especialmente Paulo, embora atarefado com viagens missionárias constantes, manteve o contato por meio das cartas com várias igrejas, que ele mesmo fundou.

5.1- As Epístolas como Respostas aos Desafios da Igreja Primitiva

Apesar de alguns intérpretes, ocasionalmente, dirigirem-se ao texto buscando de imediato uma mensagem para os dias atuais, as epístolas foram mensagens dirigidas para atender um problema específico que a igreja da Era Apostólica enfrentava.

Portanto, antes de qualquer coisa, as cartas eram respostas aos desafios de fé dos primeiros cristãos. Mesmo sendo inspiradas pelo Espírito Santo e, portanto, pertencente a todos os tempos, foram originalmente escritas no contexto do autor para o contexto dos destinatários originais. Por isso, os eruditos as chamam de *documentos ocasionais*.

O fato de as epístolas serem documentos ocasionais torna-se grande parte dos desafios dos intérpretes. Porque nos textos escritos temos as respostas, porém nem sempre sabemos quais eram as perguntas, ou os desafios. Usualmente, a ocasião era algum tipo de comportamento que precisava de correção, ou um erro doutrinário que precisava de orientação. É muito semelhante a escutar um lado de uma conversa telefônica e tentar descobrir quem está no outro lado, e o que aquela pessoa invisível está falando. É sempre importante tentar descobrir as perguntas, a fim de sabermos o que a passagem bíblica está respondendo.

5.2- O Contexto Histórico das Epístolas

Depois de termos visto que as cartas eram respostas aos desafios enfrentados pelos primeiros cristãos, uma tarefa fundamental para o intérprete é buscar informações adicionais acerca da igreja que recebeu a carta, a cidade, os desafios e o momento histórico. Enfatizamos a importância de um dicionário bíblico, um manual bíblico e comentários como recursos que ajudarão o leitor a encontrar tais informações.

Falando de um contexto geral, sabemos que todas as cartas foram escritas no primeiro século. O mundo da época estava sob o domínio dos romanos. Algumas cidades alcançadas pelo Evangelho, que posteriormente tornaram-se destinatárias de epístolas, eram altamente idólatras. Grandes centros como Éfeso e Corinto tinham um fluxo intenso de pessoas e tinham nas religiões pagãs um meio de exploração comercial. Internamente, a igreja crescia e, consequentemente, a tarefa de preservar o verdadeiro ensino tornava-se um grande desafio. Grupos como os judaizantes e os gnósticos já eram realidade, nessa época, e foram o motivo da maioria das cartas destinadas às igrejas.

Se falarmos de um contexto específico e tomarmos como exemplo a epístola de Paulo aos Gálatas, constataremos que se tratava de várias igrejas numa região chamada Galácia (Gl 1.2). O motivo influenciador da carta, inicialmente, era defender seu apostolado, como fica bem claro no primeiro capítulo, e exortava aqueles cristãos acerca do cuidado que deveriam ter com relação aos judaizantes. Esses eram cristãos vindos do judaísmo que insistiam na preservação dos costumes judaicos como regra necessária à salvação.

Ao que parece, os judaizantes tomaram a iniciativa de visitar as igrejas fundadas por Paulo na região da Galácia e de instruir os novos cristãos acerca da necessidade de se submeterem aos ritos judaicos. Para melhor compreensão da defesa de Paulo, o leitor deve comparar a carta aos Gálatas com Atos 15 e ver as resoluções do Primeiro Concílio da Igreja.

5.3- Métodos de Estudos das Epístolas

A partir da compreensão do propósito da carta e do perfil dos primeiros leitores, o intérprete tem ferramentas para começar a se aprofundar no texto. Em seguida, ele precisa ler a carta inteira, buscando uma visão panorâmica.

Enquanto lê a carta inteira, será útil ao intérprete fazer algumas anotações com referências dos pontos principais da carta. Os exegetas geralmente sugerem quatro pontos iniciais que devem ser anotados pelo leitor:
- *O que pode ser percebido acerca do destinatário, de quem se trata, seus problemas, suas atitudes, etc.*
- *As atitudes do escritor.*
- *Quaisquer informações mencionadas quanto à ocasião específica da carta.*
- *As divisões lógicas da carta.*

Se o leitor tomar como exemplo a primeira carta de Paulo aos Coríntios, após ter feito as anotações sugeridas, e agrupá-las de acordo com as quatro categorias, ele encontrará as seguintes informações:
- *Os crentes da cidade de Corinto são principalmente gentios, embora haja também alguns judeus (1 Co 6.9-11); gostam muito do conhecimento (1.18-2.5); são sectaristas, orgulhosos e arrogantes (I Co 4.18) até ao ponto de julgar Paulo (4.1-5). Eles têm grandes problemas internos.*
- *A atitude de Paulo diante da igreja de Corinto foi de repreensão (1 Co 4.8-21), apelo (16.10-11) e exortação (16.12-14).*
- *A respeito da ocasião da carta, o leitor deve ter notado que em 1 Co 1.10-12 Paulo diz que foi informado por pessoas da casa da Cloé do que se passava na igreja de Corinto. Antes que pudesse escrever uma carta corretiva, chegou outra delegação de Corinto com uma carta fazendo-lhe certas perguntas (7.1; 16.17). Paulo enviou imediatamente Timóteo a Corinto (4.17). Então, ele escreveu a carta que conhecemos como 1 Coríntios, esperando que a mesma chegasse a Corinto antes de Timóteo (16.10). O leitor também deve ter percebido a chegada de Estéfanas, Fortunato e de Acaio naquela igreja (16.17). Visto que os Coríntios deveriam se submeter à*

Estéfanas, certamente trata-se de líderes na igreja. Ao que parece, foram enviados por Paulo como uma comissão oficial.

• *Com relação às divisões lógicas, podemos ver que em I Co 1.1-9 temos saudações e ações de graças; em 1.10 a 4.21 temos o problema da divisão na igreja; em 5.1 a 7.40 vemos exortações sobre a imoralidade naquela igreja e os padrões morais do cristão; em 8.1 a 11.1 temos ensinamentos sobre a liberdade cristã; em 11.24 a 14.40 o Apóstolo orientou acerca da adoração; em 15.1-58 vemos acerca da ressurreição dos mortos e em 16.1-24 observamos orientações pessoais e conclusão*

5.4- A Questão da Relatividade Cultural nas Epístolas

A tarefa de interpretar corretamente as Escrituras sugere certo cuidado com os termos utilizados. No que tange à cultura, principalmente as orientações específicas, podem ter um caráter exclusivo ao contexto vivido pelo escritor e o destinatário. O leitor que não conhece devidamente as regras de interpretação faz uso do bom senso para distinguir as situações.

As Epístolas são documentos ocasionais do século I, condicionados pela linguagem e cultura do século I, que falavam para as situações vivenciadas naquela época. Muitas dessas situações específicas são completamente restritas e não têm nenhuma aplicação pessoal para os dias de hoje. Por exemplo, ninguém se sentirá dirigido nos nossos dias para fazer uma peregrinação a Trôade a fim de levar a capa de Paulo da casa de Carpo, embora a passagem seja claramente um mandamento nesse sentido (1 Tm 4.13).

A busca por compreensão de como distinguir situações ocasionais nas Epístolas dos ensinos atemporais deve atentar para um princípio norteador: sempre que compartilhamos de circunstâncias comparáveis com a vida dos cristãos no século I, a Palavra de Deus é para nós a mesma que foi para eles. Esse é o princípio que se aplica à maioria dos textos teológicos e os imperativos éticos dirigidos aos cristãos primitivos tem total validade nos nossos dias. Por exemplo, continua valendo para nós que "todos pecamos" e "pela graça somos salvos". Que devemos revestir-nos "de entranhas de misericórdia, de benignidade, humildade, mansidão e longanimidade".

A pergunta geralmente feita pelo intérprete para a aplicação dos textos sagrados é: como as respostas aos problemas do século I falam aos cristãos do século XXI? No entanto, para encontrar essa resposta, deve-se antes buscar entender na passagem bíblica o significado para os primeiros leitores a qual a epístola foi destinada. Depois, o intérprete deve atentar ao princípio que geralmente constitui-se o cerne do que o Apóstolo escreveu, e usualmente transcende as particularidades. É importante ressaltar que o princípio não se aplica aleatória e caprichosamente a qualquer tipo de situação. Deve-se atentar para as circunstâncias genuinamente comparáveis.

Outro cuidado que o intérprete deve tomar é quanto à relativização cultural dos ensinos sagrados. Alguns ultrapassam as fronteiras das culturas e do tempo. Dois exemplos podem ser dados para isso. Primeiro, aquilo que é o âmago central da Bíblia: o pecado levou à queda toda a humanidade, e como atividade graciosa de Deus, seu Filho Jesus Cristo encarnou-se e consumou a obra redentora por meio da sua morte e ressurreição. Um segundo exemplo é aquilo que o escritor sagrado considera inerentemente moral e tem o testemunho uniforme de toda a Bíblia. Pecados como idolatria, embriaguez, atividade homossexual, furto, avareza, etc. (1 Co 6.9-10) são sempre errados em qualquer cultura.

Em contrapartida, o ósculo santo, as mulheres usando véu quando oram ou profetizam, a preferência de Paulo pelo celibato, ou o ensino por mulheres dentro da igreja não são questões inerentemente morais. Porém, podem tornar-se assim, quando o seu uso ou abuso em determinados contextos envolve desobediência e falta de amor.

Questão para Reflexão

As Epístolas são textos bíblicos de suma importância para a formação doutrinária da igreja cristã. Entretanto, aprendemos a importância de sempre lembrarmos que esses escritos serviram como meio de solucionar problemas específicos das igrejas locais no primeiro século. Com base nisso, como a compreensão da relatividade cultural nas Epístolas pode afetar o modo de interpretá-las?

UNIDADE III

SEGUINDO REGRAS NA INTERPRETAÇÃO BÍBLICA

O intérprete das Escrituras deve ter em mente que ao lidar com os textos sagrados não pode compreendê-los ao seu modo. Para isso, a hermenêutica oferece métodos indispensáveis que facilitarão a busca pelo entendimento do real sentido das passagens bíblicas.

Nesta unidade, estudaremos acerca da responsabilidade do intérprete, considerando o auxílio do Espírito Santo e os cuidados necessários quanto ao uso das Escrituras. Veremos, também, fatores determinantes sobre a interpretação da Bíblia Sagrada e as cinco regras formais da hermenêutica e sua aplicação.

CAPÍTULO 1

A Responsabilidade do Intérprete das Escrituras

Ao ler as Escrituras, o intérprete deverá ter consciência de que ele está lidando com o livro que determina o destino dos seres humanos. A Bíblia é a comunicação do Eterno Deus com os homens, e é um livro sério que contém instruções sobre o que Ele requer da sua criação.

Vemos, portanto, que o estudo da Bíblia é uma atividade intelectual por meio da qual procuramos compreender o que Deus diz. Contudo, deve ir além disso e incluir a disciplina espiritual, por meio da qual procuramos colocar em prática o que lemos e aprendemos. Somente assim o cristão pode crescer espiritualmente.

O leitor da Bíblia que assume um espírito humilde, tratando as Escrituras com todo respeito, reconhecendo quem é o Autor, empreenderá seu máximo esforço no estudo diligente de interpretar corretamente a "revelação de Deus". Esta se manifesta a nós por meio da sua Palavra que contém tudo que é necessário para que o homem entenda a vontade do Criador. Sua Palavra é Eterna (Sl 119.89), é constante (Mt 24.35), é um guia seguro (Sl 119.105), vem do Supremo Deus e foi dada para a nossa justificação e aperfeiçoamento (2 Tm 3.16,17).

1.1- O Auxílio do Espírito Santo ao Intérprete das Escrituras

A Bíblia afirma que a "mente carnal tende à inimizade contra Deus"

(Rm 8.7). A ação do Espírito de Deus sobre a mente do intérprete das Escrituras é o fator mais importante a ser considerado. O homem necessita de iluminação espiritual a fim de que compreenda a intenção de Deus expressa na sua Palavra.

A passagem de 1 Coríntios 2.14 afirma que o *"homem natural não compreende as coisas espirituais"*. O verbo "compreender" no grego não significa entender com o intelecto, e sim por experiência. Somente os regenerados experimentam a Palavra de Deus mediante o Espírito Santo. Além da regeneração, é preciso que haja reverência e interesse por Deus e por sua Palavra. Esses são requisitos fundamentais para a correta interpretação das Escrituras Sagradas. Uma atitude de apatia e arrogância torna-se obstáculo para o entendimento das verdades de Deus.

O Apóstolo Pedro afirma que *"jamais qualquer profecia da Bíblia foi dada por vontade humana, pois santos homens falaram da parte de Deus, movidos pelo Espírito Santo"* (2 Pe 1.21), sendo, portanto, o Espírito Santo o autor das Verdades Eternas. Quem melhor que Ele para iluminar a mente quanto à explicação das Escrituras? Jesus declarou que o *"Espírito Santo iria nos guiar em toda a Verdade"* (Jo 16.13). Quando Ele estiver no controle, operará sobre o nosso coração, a nossa vontade, as nossas decisões e nos guiará em toda a verdade.

É importante ressaltar que a participação do Espírito Santo na interpretação das Escrituras não significa que ele desvende para alguns intérpretes um sentido oculto, diferente do significado normal e literal da passagem. O seu papel não é conceder um vislumbre intuitivo e repentino sobre o sentido do texto, e sim conduzir o cristão através do estudo sistemático da Bíblia à verdade de Deus.

Embora a Bíblia seja uma composição de livros que têm narrativas, poesias, cartas, com todos os estilos literários de uso comum na antiguidade, não podemos esquecer que é o próprio Deus quem inspirou as suas palavras. Por isso, o intérprete necessita da ação do seu Espírito gerando fé. Haja vista, que a fé deve ser o pressuposto para o entendimento de diversas passagens. Sem a confiança no Deus que transcende o entendimento humano, e faz muito além do que a razão compreende, o intérprete corre o risco de se fechar para as narrações de milagres e intervenções Divinas na história.

Diversos intérpretes na modernidade, partindo dos pressupostos do racionalismo, distorceram completamente o real sentido das Escrituras, reduzindo-as a um livro comum. O impacto da influência desses intérpretes reproduziu gerações secularizadas e hostis ao cristianismo.

1.2- Cuidados Necessários Quanto à Interpretação Bíblica

Os seres humanos afastados de Deus têm inclinação ao erro, sendo em determinadas situações resistente àquilo que é correto. A causa desse problema às vezes reside na incapacidade de julgar o que é certo e errado.

A interpretação correta das Escrituras é uma ferramenta útil para a pregação do Evangelho e a defesa da fé cristã. Em contrapartida, alguns falsos mestres podem se utilizar dos textos sagrados para justificar suas ideias, algumas contrária aos ensinos de Cristo. Se tomarmos como exemplo as seitas pseudocristãs, constataremos que todas citam passagens bíblicas que mal interpretadas servem como fundamento das suas doutrinas.

No estudo das Escrituras Sagradas, devemos ter o cuidado de não aceitarmos tudo que lemos e ouvimos ingenuamente sem avaliar o conteúdo e a fonte. Algumas coisas que se pregam e escrevem podem conter sementes do erro e não concordar com as Escrituras. Há pessoas que são determinadas em manter suas opiniões, seus conceitos, mesmo quando lhes é mostrada a verdade. Essa obstinação pode ser resultado de falsos ensinos e ideias fixadas em suas mentes.

É necessário ouvir, analisar e avaliar tudo que ouvimos em pregações e palestras; se não combinar com a correta interpretação das Escrituras, nossa atitude deve ser a rejeição de tais palavras. No entanto, se houver coerência com a Bíblia, devemos ter receptividade às verdades transmitidas, embora isso signifique a desconstrução de alguns paradigmas estabelecidos equivocadamente ao longo do tempo. As Sagradas Escrituras devem ser o critério pelo qual julgamos o que é certo e errado.

O intérprete deve ter sempre em mente que a Verdade da Palavra de Deus não pode ser subserviente ao subjetivismo humano, no sentido de ser utilizada para justificar pretensões pessoais e atitudes reprováveis. O estudante das Escrituras Sagradas que deseja compreender o texto devidamente, precisa abrir a mente para, se necessário, ter os seus posicionamentos confrontados a fim de perceber o real sentido do texto.

1.3- O Intérprete e a Leitura Diária das Escrituras

A Bíblia Sagrada é rica no seu valor e conteúdo. Há ensinamentos preciosos nesse livro. Ela é um verdadeiro depósito inesgotável de preceitos dos mais importantes para os seres humanos. Lendo seu conteúdo numa atitude casual e superficial, o intérprete não absorverá as instruções e profundas lições nela contidas.

Se o leitor quiser entender a Bíblia será necessário empenhar-se com perseverança e paciência para extrair suas riquezas espirituais. O Apóstolo Paulo, ao visitar Tessalônica, disse acerca dos cristãos de Bereia, uma cidade vizinha, que esses eram *"mais nobres, pois receberam a Palavra com toda avidez, examinando as Escrituras todos os dias"* (At 17.11).

Portanto, observamos o quanto é importante o leitor se empenhar em ler toda a Bíblia a fim de extrair dela um maior entendimento. É necessário enfatizar que o Novo Testamento é mais fácil de interpretação do que muitos livros do Antigo Testamento, e certamente os Evangelhos são mais facilmente entendidos do que as Cartas Apostólicas que apresentam ensinos doutrinários mais profundos. Nesse aspecto, recomenda-se que aqueles que ensinam as Escrituras Sagradas comecem seus estudos e interpretação da Bíblia por livros que não apresentem muitas dificuldades na sua compreensão.

Sem o devido entendimento do assunto estudado, o expositor não terá condições de ensinar claramente as verdades espirituais contidas na Bíblia. Desse modo, ele deve esmerar-se no estudo diário a fim de que interprete os textos sagrados de forma compreensiva aos seus ouvintes, e esse deve ser um cuidado permanente por parte de quem ensina. Jesus nos dá exemplo disso.

1.4- O Intérprete e a Exposição das Sagradas Escrituras

O estudante da Bíblia deve ser prudente no sentido de restringir sua interpretação e aplicação ao que texto realmente fala. A ausência de cuidado nesse ponto provoca sérias distorções doutrinárias e consequentemente, pessoas assimilando erros como se fossem verdades.

É importante enfatizar que as Escrituras, em geral são simples e de fácil compreensão, só precisando de explicações mais detalhadas nos trechos que apresentam palavras ou conceitos mais vagos ou polêmicos. Lemos em Neemias 8 como o povo de Israel, voltando à sua terra natal depois de passar anos no cativeiro babilônico, se reuniu com o escriba Esdras e seus auxiliares para ouvir a leitura das Escrituras Sagradas. No versículo 8 está escrito: "Leram no Livro da Lei de Deus, claramente dando explicações de maneira que o povo entendesse o que se lia". O escriba Esdras fez questão de explicar bem a Lei de Deus para o povo, pois sobre esse fundamento ele pretendia reconstruir a nação de Israel. Cada texto da Lei teria que apresentar precisamente o que Deus pediu ao povo de Israel. O intérprete deve trabalhar com o mesmo propósito de Esdras: alicerçar seus ouvintes sobre os sólidos princípios das Escrituras.

Na ministração de estudos e pregações, é necessário atenção na escolha dos tópicos e trechos bíblicos. O mesmo deve partir de pontos claramente compreensíveis e, assim, inicialmente evitar passagens como as profecias do livro de Ezequiel, Daniel e Apocalipse sobre os eventos dos últimos tempos. Esses textos podem oferecer várias dificuldades para uma clara interpretação. Deve-se atentar para o livro de Mateus, especificamente o capítulo 24 que abrange vários períodos de tempos, algumas passagens de Provérbios e paradoxos das Escrituras Sagradas.

Porém, uma coisa é certa: os ensinos bíblicos para a vida do ser humano são compreensíveis. Deus quis que o homem entendesse a sua mensagem e todas as doutrinas fundamentais são facilmente assimiladas. Se a Palavra de Deus vai julgar no juízo final, como Deus, o Justo Juiz, poderia pronunciar um reto julgamento sobre o homem se a sua Palavra é ininteligível? Observemos as seguintes palavras: *"Quem crê no Filho de Deus tem a vida eterna; porém, quem não crê, não terá a vida, mas sobre ele permanece a ira de Deus"* (Jo 3.36). Textos como esse deixa clara a revelação de Deus por meio de Jesus Cristo. Com base na evidência clara da Palavra de Deus, Paulo afirma que diante de Deus todos os "homens são indesculpáveis por sua impiedade".

Em geral, a Bíblia fala em linguagem acessível. Não podemos negar que existem trechos bíblicos que são mais difíceis de entender, no entanto, quando aplicamos as regras fundamentais da hermenêutica, temos uma valiosa ajuda na reta interpretação das partes mais obscuras.

Questão para Reflexão
Observamos, neste capítulo, a responsabilidade do intérprete das Escrituras e, por isso, ele deve se aplicar à leitura diária e sempre contar com o auxílio do Espírito Santo. Pensando nisso, como podemos promover programas de incentivo à leitura da Bíblia nas nossas igrejas nos dias atuais?

Capítulo 2

Fatores Determinantes sobre a Interpretação Bíblica

O exercício de interpretar a Bíblia corretamente deve ser submetido a regras necessárias que facilitam o caminho do leitor. O texto tem consigo seu valor histórico, pois foi construído sob circunstâncias de um determinado lugar, em certo período de tempo. É importante lembrar que sendo a Bíblia Sagrada a Palavra de Deus, ela não retrata apenas fatos de uma época, mas contém princípios de valores eternos.

Portanto, há vários fatores que o estudante da Bíblia precisa ter em mente ao começar estudar as Escrituras e buscar o aprofundamento por meio dos textos Sagrados.

2.1- Cuidado quanto ao Uso das Aplicações

O exercício da interpretação se dá inicialmente com a compreensão do sentido real do texto, ou seja, o que ele de fato quer dizer. Em seguida, o leitor, tendo o texto em mãos, deve fazer a seguinte pergunta: como essa passagem bíblica foi aplicada aos primeiros leitores? A isso chamamos de "aplicação primária". Em continuidade, outra pergunta deve ser feita: como esse texto se aplica à minha vida? A resposta a essa pergunta, nós chamamos de "aplicação secundária". De igual modo, uma terceira interrogação deve ser feita: existe um sentido profético e escatológico nesse texto? Nós chamamos essa terceira de "aplicação profética".

2.1.1- Aplicação Primária

A aplicação primária da Bíblia trata-se do significado histórico dos textos Sagrados e se restringe ao momento da história em que o escritor escreveu o texto. Por exemplo: o Antigo Testamento foi escrito para o povo judeu e contém todo o código de instruções para a vida civil, moral, social e religiosa da nação judaica.

Comumente lemos no Pentateuco estas palavras faladas por Deus a Moisés: "fala aos filhos de Israel". Seguindo essas palavras, ele dá instruções para a vida, o modo de proceder da nação. Somente no livro de Levítico encontramos esses termos mais de 20 vezes.

Deus orientou Israel acerca de vários assuntos que abrangiam toda a realidade cotidiana do povo. O Velho Testamento foi escrito em quase sua totalidade sobre a nação israelita: suas atividades, seus desafios históricos, limitações geográficas e religiosidade.

No Novo Testamento, encontramos Jesus instruindo as multidões sobre sua missão na terra, anunciando que o Reino de Deus tinha chegado aos judeus e a todos que aceitassem a sua mensagem. Os Apóstolos deram continuidade a essa mensagem. Paulo anunciou aos gentios, pessoas que não faziam parte da nação judaica, e fundou diversas igrejas durante o seu ministério. As instruções e ensinos doutrinários do Apóstolo dos gentios às igrejas da sua época foram transmitidos por ele pessoalmente ou por pessoas que o acompanhavam no seu ministério.

Quando lemos Apocalipse, somos levados a pensar no texto somente sob o ponto de vista profético, no entanto, os capítulos iniciais do livro mostram claramente que foram cartas de Jesus Cristo por meio de João às igrejas da Ásia. Desse modo, é possível perceber nas características de cada cidade mencionada sua realidade histórica.

2.1.2- Aplicação Secundária

Embora constatemos que as Escrituras Sagradas têm o seu significado histórico, seu conteúdo abrange todas as épocas. Vemos textos bíblicos que comprovam o valor eterno da Palavra de Deus: Sl 119.89; Is 40.8; Mt 24.35; Tg 1.17,18; etc.

A segunda aplicação refere-se a todos os períodos da história desde quando as Escrituras foram escritas. Os pecados e desobediência de Israel, sua idolatria, os atos imorais dos homens que são abomináveis aos olhos de Deus como depravação, homicídios, guerras, promiscuidade são fortemente combatidos no Antigo Testamento e no Novo Testamento.

Nos dias atuais, a rejeição de Deus a tais práticas deve ser falada na mesma intensidade em que foi pronunciada pelos escritores da Bíblia. A natureza humana caída segue os mesmos caminhos de pecado e desobediência às leis de Deus. Nesse aspecto, os princípios Sagrados devem ser aplicados à nossa realidade.

Nos primeiros livros da Bíblia, vemos o início da humanidade e já nos primeiros capítulos de Gênesis, a manifestação explícita do caráter Santo de Deus. Em Êxodo, observamos os primeiros passos da nação de Israel que recebeu das mãos de Deus preceitos que deviam ser observados atentamente. Repetidas vezes Deus falou: "sedes santos assim como eu sou santo". Essas palavras têm significado permanente e não se limitam a um período da história.

No Novo Testamento, no livro de Gálatas, vemos Paulo combatendo o legalismo que se revelava naqueles dias com o entendimento de que as obras eram necessárias à salvação. Assim desprezavam a suficiência da Graça. É possível encontrarmos nos dias atuais igrejas e pessoas que creem que certas práticas vão ajudar-lhes a ganhar mais mérito diante de Deus, como se pudessem acrescentar algo mais no preço da salvação.

As advertências de Paulo aos Colossenses contra visões carnais, culto aos anjos, várias proibições sem fundamentação bíblica, preceitos e doutrinas dos homens sendo disseminadas entre o povo, rigoroso ascetismo, abandono da verdadeira união da igreja com Cristo são problemas vivenciados nos nossos dias e devem ser combatidos assim como o Apóstolo o fez nos seus dias.

O intérprete das Escrituras Sagradas deve ter em mente que todo o conteúdo delas quanto aos ensinos morais, sociais e espirituais tem aplicação para hoje. Valores como a família, princípios como a honestidade, a sinceridade são enfatizados em toda a Bíblia. O caráter Santo de Deus que exige retidão do seu povo, o amor incondicional que abraça o pecador e o transforma têm a mesma validade nos nossos dias.

2.1.3- Aplicação Profética

As Escrituras não contêm apenas uma aplicação primária, que é o sentido histórico do texto, uma aplicação secundária, que trata do significado prático do texto para a vida atual, mas também uma aplicação profética que se refere à realidade futura. Em algumas situações, o texto abrange as três aplicações.

Podemos ver passagens bíblicas no Antigo Testamento que indicam o cumprimento no Novo Testamento, porém vão além dos escritos neotestamentários. A promessa do avivamento do Espírito Santo sobre toda a carne em Jl 2.28,29 teve o seu cumprimento em At 2.1-18. Observemos que essa profecia foi dada cerca de oito séculos antes do dia de Pentecostes. No entanto, essa promessa cumpre-se ao longo da história, como foi o exemplo do avivamento da Rua Azuza em Los Angeles, Califórnia.

Outro exemplo de textos que abrangem essas três aplicações é o capítulo 24 de Mateus. O sermão profético de Cristo apontava para a destruição de Jerusalém, o mesmo conta sobre um período de acontecimentos precedentes ao Arrebatamento da Igreja e ainda relata o fim, quando Jesus voltará à terra no final da Grande Tribulação. É importante enfatizar que o texto não classifica cada aplicação distintamente, porém abrange um sentido primário, secundário e profético.

2.2- A Regra Fundamental da Hermenêutica e sua Aplicação

A principal regra da hermenêutica é simples e prática, no entanto, fundamental para a correta interpretação das Escrituras Sagradas: "A Bíblia é sua própria intérprete". Ao ignorar ou proceder erroneamente contra esse princípio, o leitor poderá obter como resultado explicações enganosas. As consequências disso são diversas seitas que justificam suas convicções em textos isolados do ensino geral da Bíblia Sagrada.

2.2.1- Os perigos da falta de uso da regra fundamental

A falta de conhecimento, ou mesmo integridade por parte dos "falsos mestres" ao ensinarem os textos Sagrados desconectados do sentido geral da própria Bíblia, induzem incautos ouvintes ao erro. Esse caminho pode resultar na perdição dessas pessoas. A correta interpretação das Escrituras é um assunto que diz respeito à eternidade.

Quando o leitor começa a dar explicações pessoais aos textos da Bíblia, não observando que a própria Palavra de Deus fornece guias para a sua reta interpretação, o resultado é visto nas religiões e falsos ensinos, tais como o Mormonismo, as Testemunhas de Jeová, Ciência Cristã, Espiritismo, Universalismo e muitos outros que apresentam explicações errôneas das Escrituras Sagradas.

O intérprete deve ficar atento quanto ao uso dos versículos bíblicos fora do seu contexto, obedecendo à regra de usá-lo como indica o conjunto do texto, não citando frases soltas para apoiar suas ideias.

2.2.2- Os benefícios do uso da regra fundamental

O intérprete das Escrituras que compreende que a Bíblia se explica por si mesma terá mais possibilidade de descobrir qual o verdadeiro significado dos textos Sagrados. É necessário ter sempre claro que nenhuma doutrina bíblica é construída sobre um só versículo apenas. Devem-se considerar outros textos que contêm o mesmo ensino antes de afirmar sua posição doutrinária.

Há constantes repetições nas Escrituras Sagradas das doutrinas cardeais. Deus quer que os homens entendam a sua Palavra e cuida para que ela esclareça seus desígnios e planos. Além de tudo que o leitor pode observar usando a mente sã dada por Deus, temos a ajuda do Espírito Santo que deseja nos guiar na verdade e conduzir o sincero estudante da Bíblia ao entendimento da Palavra de Deus.

Em toda a interpretação das Escrituras, seja para a sua própria aplicação pessoal, ou para pregar e ensinar, é um dever apresentar os ensinos da Bíblia na sua integridade e verdade, não torcendo ou ajustando ao pensamento pessoal. Os ensinos do estudante das Escrituras devem ser determinados pela própria Bíblia e moldados pelos seus preceitos.

Questão para Reflexão

Aprendemos que o intérprete deve sempre atentar para a aplicação correta do texto e nunca esquecer a regra fundamental: a Bíblia interpreta a própria Bíblia. Como o conhecimento dessas informações contribuirá na tarefa de exposição das Escrituras para o leitor?

Capítulo 3

A Primeira e a Segunda Regra Formal da Hermenêutica e sua Aplicação

O estudo da hermenêutica propõe cinco regras simples e práticas para a correta interpretação da Bíblia Sagrada. Essas são totalmente bíblicas e racionais, que nos ajudarão a desvendar alguns textos das Escrituras que podem apresentar dificuldades ao intérprete.

Aplicando essas cinco regras às palavras e textos bíblicos cuidadosamente, a mente do leitor será iluminada sobre a verdadeira interpretação que deve ser dada àquela palavra ou trecho em questão. Neste capítulo, apresentaremos as duas primeiras regras e sua aplicação.

3.1- A primeira Regra Formal e sua Aplicação

A primeira regra formal da hermenêutica é a seguinte: *"Enquanto for possível, devemos tomar as palavras e trechos bíblicos no seu sentido comum e popular"*. O uso dessa regra, acima de tudo, leva em consideração que a maioria dos escritores da Bíblia escreveu para pessoas simples que tinham atividades comuns diariamente.

É importante enfatizar que o sentido comum e popular não é o mesmo que sentido literal. Obviamente, há trechos na Bíblia que não podem ser tomados ao "pé da letra". Existem expressões idiomáticas que interpretadas literalmente perdem o seu sentido original.

3.1.1- Empregando a primeira regra em algumas referências Bíblicas

Em Gênesis 6.12 lemos: *"Porque toda carne havia corrompido o seu caminho..."*. Qual o significa desse texto? Se tomarmos a palavra "carne", no sentido literal, nós encontraremos dificuldades de explicar essa passagem bíblica. Porém, tomado no sentido comum e repetido várias vezes na Bíblia, entenderemos "carne" como "pessoas", "seres humanos".

O mesmo exercício ocorre com a palavra "caminho". Tomada no sentido usual, entenderemos como "comportamento" e "maneira de viver". Interpretando assim, o texto bíblico torna-se claro e pode ser lido dessa forma: *"Porque os seres humanos haviam corrompido a sua maneira de viver"*. Essa passagem é reafirmada em outros lugares nas Escrituras: Is 53.6; Rm 3.12; Ef 2.2-3.

Outro exemplo pode ser visto no livro de 2 Reis 20, no qual lemos sobre a enfermidade mortal que acometeu ao rei Ezequias e a mensagem entregue pelo profeta Isaías: "... *Põe em ordem a tua casa, porque morrerás e não viverás"*. Uma correta interpretação não admite entendermos a palavra "casa" no sentido literal como "moradia". Falando numa linguagem popular, casa, nesse texto, significava sua vida, os seus negócios, todos os assuntos do seu reinado.

No livro de Ezequiel 3.1, vemos Deus ordenando ao profeta "comer o rolo de um livro". No versículo seguinte, afirma que o "profeta comeu". Se tomarmos no sentido literal, iremos imaginar o profeta Ezequiel comendo e mastigando o rolo com os escritos. Entretanto, o versículo 10 do mesmo capítulo explica que o profeta deveria "receber em seu coração todas as palavras do Senhor".

O povo judeu comumente usa a expressão "comi o livro" ao invés de dizer "eu li um bom livro". Observemos que as palavras ao mesmo tempo são consideradas um modo de falar popularmente e também um hebraísmo, ou seja, uma expressão idiomática comum aos hebreus.

3.1.2- Cuidado quanto ao Uso da Primeira Regra

Uma observação necessária quanto à primeira regra formal é o termo "sempre que possível". Isso significa, naturalmente, que nem sempre as palavras poderão ser tomadas no seu sentido comum ou popular.

Vejamos a palavra "comer" utilizada no exemplo anterior do texto de Ezequiel. Lucas 24.43 mostra que Jesus, após ter ressuscitado, apareceu aos seus discípulos e comeu peixe e favo de mel na presença deles. Sem dúvida, o uso da palavra "comer" nesse texto é literal. Outro exemplo do uso diferente desse termo está em Números 16.32, no qual algumas traduções da Bíblia declaram que "*a terra abriu a sua boca e devorou o rebelde Coré e todos da sua casa, seus bens, e todos os que o seguiram*". Sendo que a terra não tem boca, propriamente falando, sabemos que este é um termo figurado, com significado simbólico.

Em 1 Coríntios 15.31, o Apóstolo Paulo declara: "*dia após dia eu morro*". Sabemos que tal expressão não pode ser literal. É um modo de dizer em linguagem figurativa: "Eu não vivo mais para o mundo e seus prazeres. Somente vivo pela fé em Cristo". Essa afirmação pode ser comprovada em Rm 7.8-13; Gl 2.19,20.

Há muitos significados na expressão "eu morro". É possível alguém utilizar uma forma popular de dizer "estou cansado", falando "estou morrendo de cansado". Na Bíblia, porém, existem referências dessa expressão literalmente. Por exemplo, temos declarações que "Cristo morreu", como em Mc 15.37; Fp 2.8, etc. Hebreus 9.27 afirma que "*aos homens está ordenado morrer uma só vez*".

Os exemplos referidos mostraram que, embora a primeira regra elucide alguns textos, ela não pode ser utilizada aleatoriamente. É importante o intérprete lembrar que deve tomar as palavras no sentido comum, "sempre que possível".

3.2- A Segunda Regra Formal e sua Aplicação

A segunda regra formal da hermenêutica se define de tal forma: "*Sempre se deve tomar as palavras bíblicas no sentido indicado pelo conjunto da frase*". A importância dessa regra pode ser percebida pelo fato de haver palavra nas Escrituras cuja definição varia de acordo com o conjunto da frase.

3.2.1- Empregando a Segunda Regra em Algumas Referências Bíblicas

Quando ouvimos a palavra "salvação" o que imediatamente imaginamos, como definição, é a Obra de Cristo no Calvário, que nos trouxe o perdão dos pecados. No entanto, essa palavra no grego tem vários significados. Pode ser libertação, livramento, preservação, tirado do perigo, escape do castigo, liberdade temporal, a revelação do Evangelho, etc.

Algumas passagens bíblicas podem elucidar os vários sentidos da palavra "salvação". Atos 7.25, na edição Almeida Revista e Atualizada, diz: *"Ora, Moisés cuidava que seus irmãos entenderiam que Deus os queria salvar por intermédio dele; eles, porém, não compreenderam"*. Obviamente, nesse texto, Moisés não se referia à salvação por meio de Cristo, e sim à liberdade temporal que seria livrar Israel da escravidão do Egito. Porém, na epístola aos Romanos 13.11, vemos um significado diferente para a palavra "salvação": *"E isto digo, conhecendo o tempo, que já é hora de despertarmos do sono; porque a nossa salvação está agora mais perto de nós do que quando aceitamos a fé"*. O termo salvação nessa passagem indica a vinda de Cristo.

As Escrituras nos apresentam três aspectos ou etapas da salvação. O primeiro é visto no momento em que a pessoa aceita a Cristo, ela é perdoada dos seus pecados e regenerada pelo Espírito Santo (Tt 3.5-6; 1 Jo 1.9). A Bíblia afirma que no ato da conversão, o pecador é salvo do castigo eterno e o sangue de Jesus o purifica (Rm 5.12,17-20).

O segundo aspecto entra em cena depois que a pessoa aceita a Jesus e passa por uma transformação de vida. À medida que anda sob o domínio do Espírito Santo, o salvo torna-se livre do poder do pecado (Rm 6.14). Isso não significa que ele não peque mais, contudo o pecado não exerce controle sobre sua vida. Mesmo quando circunstancialmente ele pecar, sua atitude imediata será a busca do perdão e restabelecimento da comunhão com Cristo.

A terceira etapa da nossa salvação aponta para o futuro da igreja, quando definitivamente seremos salvos da presença do pecado. Esse acontecimento se dará com a vinda de Cristo para arrebatar a sua igreja (Rm 13.11; 1 Co 15.51-54).

3.2.2- Cuidado Quanto ao Uso da Segunda Regra Formal

O leitor atento deverá observar cuidadosamente palavras-chave no texto. Essas palavras dão sentido ao pensamento geral do escritor. A maneira comum de perceber esses termos dentro do texto é destacar as ênfases. Geralmente são palavras que se repetem num espaço curto e indicam a intenção de quem escreve.

A segunda regra não deve ser apenas uma opção, se necessário. Pelo contrário, quando o intérprete encontrar os termos enfáticos no texto, deve imediatamente atentar para o conjunto da frase e perceber o verdadeiro sentido das palavras-chave.

Um exemplo de palavra frequentemente enfatizada é "graça", e essa tem vários sentidos. O uso mais comum encontra-se em Efésios 2.8:

"Porque pela graça sois salvos, por meio da fé; e isto não vem de vós, é dom de Deus". Nesse texto, como indica o conjunto da frase, o termo significa que "pelo favor imerecido de Deus somos salvos". A mesma ideia também pode ser vista em Jo 1.16; Rm 1.5; Ef 1.7; 1 Co 15.10; 2 Co 8.1,9.

Outros exemplos de sentidos diferentes da palavra "graça" podem ser vistos em Ester 2.9 que significa "privilégios"; enquanto em Colossenses 3.15, significa "agradecimento". Esse mesmo sentido pode ser visto em: Mt 11.25; 15.36; Jo 11.41; Ef 5.20; Fp 4.6; Cl 1.3; 3.17; 1 Ts 5.18; 1 Tm 4.3,5. Usualmente, a palavra "graça" fazia parte do pronunciamento de bênção sobre alguém ou sobre uma igreja, como pode ser visto nas seguintes referências: 2 Co 13.13; Gl 6.13; Ef 6.24; 2 Tm 4.22; todas as cartas paulinas contêm, exceto Romanos. Em Atos 4.33, "graça" significa "fraternidade de amor"; em Atos 13.43, "os ensinos do Evangelho"; 2 Coríntios 12.9, significa "força e virtude de Deus"; Romanos 5.20, significa "perdão".

O Apóstolo Paulo, nos seus escritos, usou o termo "debaixo da lei" e "debaixo da graça". Novamente se o leitor atentar para o uso da segunda regra verá que o escritor está se referindo a dois períodos distintos. O primeiro se referia ao tempo da Antiga Aliança em que Deus por intermédio de Moisés apresentou um código de leis que deveriam ser observadas.

No entanto, diante da impossibilidade de obedecer totalmente a tudo que Deus impôs, Cristo foi enviado, inaugurando um novo tempo. Ele sim cumpriu toda lei, e por meio da sua justiça somos justificados diante de Deus. Estar debaixo da graça significa estar sob o domínio de Cristo e se apropriar do seu sacrifício como meio suficiente para a salvação.

Questão para Reflexão

Aprendemos, neste capítulo, a importância e aplicação das duas primeiras regras formais da hermenêutica, especialmente nos escritos de Paulo. Por que o uso dessas regras torna-se indispensável, em alguns textos, para uma correta interpretação?

Capítulo 4

A Terceira e a Quarta Regra Formal da Hermenêutica e sua Aplicação

O intérprete da Bíblia mesmo dispondo do conhecimento acerca da primeira e segunda regra encontrará dificuldade de compreender alguns textos. Para isso, ele precisa aplicar outras que estudaremos a partir de agora. Neste capítulo, veremos a terceira e quarta regra formal da hermenêutica e sua aplicação.

4.1- A Terceira Regra Formal e sua Aplicação

A terceira regra se define da seguinte forma: "*Sempre se deve consultar o contexto, isto é, os versículos ou capítulos que precedem e seguem o trecho em questão*". Isso quer dizer que é necessário consultar os versículos, ou até mesmo os capítulos que antecedem e precedem o texto-chave.

A terceira regra formal é conhecida como a "regra do bom senso", significando dizer que o intérprete nunca deve prescindir de consultar o contexto da passagem bíblica utilizada. O descaso a esse detalhe pode resultar em graves erros de interpretação.

4.1.1- Empregando a Terceira Regra em Algumas Passagens Bíblicas

Em Mateus 13.3-8, Jesus conta a parábola do semeador. A linguagem é clara e parece permitir várias interpretações. Porém, qual melhor explicação pode ter uma ilustração assim? Antes que o leitor tente imaginar o significado de cada detalhe da parábola, deve ler os versículos 18 a 23 do mesmo capítulo que encontrará nas palavras do próprio Jesus a interpretação.

Certa vez, Jesus fez uma declaração numa reunião com os discípulos que tem deixado muitos leitores sem compreender claramente do que se tratava. Os três Evangelistas registraram (Mt 16.28; Mc 9.1; Lc 9.27): *"Em verdade vos digo que alguns dos que aqui se encontram, de maneira nenhuma provarão a morte até que vejam o Filho do Homem no seu reino"*. O que Jesus queria dizer com tais palavras? Sabemos que todos os discípulos morreram.

Seguindo a terceira regra, consultando o contexto, veremos nos versículos seguintes a explicação (Mt 17.1,2; Mc 9.2; Lc 9.28). Nessas passagens, leremos que poucos dias depois, Jesus levou três dos seus discípulos, Pedro, João e Tiago, a um alto monte e foi "transfigurado diante deles". Esses discípulos viram Jesus glorificado conversando com Moisés e Elias (Mt 17.1-6; Mc 9.2-8; Lc 9.28-36). Observemos que o contexto esclarece e explica a declaração de Jesus.

Na carta de Paulo aos Efésios 3.4, lemos o seguinte: *"quando lerdes, podeis compreender o meu discernimento no mistério de Cristo"*. No versículo que antecede, ele declara: *"foi me dado ao conhecer o mistério"*. A qual mistério o Apóstolo se refere? Se o leitor tomar o cuidado de consultar o contexto, lendo a passagem bíblica adiante, verá nos versículos 5 e 6 a resposta: *"O qual noutros séculos não foi manifestado aos filhos dos homens, como agora tem sido revelado pelo Espírito aos seus santos apóstolos e profetas; A saber, que os gentios são co-herdeiros, e de um mesmo corpo, e participantes da promessa em Cristo pelo evangelho"*. Esse fato também é declarado em outras passagens (Rm 16.25,26; Cl 1.26,27).

Há muitas passagens alegóricas na Bíblia que contêm sua própria explicação no contexto. No Evangelho de João 6.31-35, Jesus discursou sobre o pão, falando do maná com o qual Deus alimentou os filhos de Israel quando peregrinaram no deserto. Na continuação do texto, o leitor percebe a razão de Jesus ter abordado esse assunto. Quando lemos os versículos que antecedem, veremos que a multidão tinha participado do milagre da multiplicação dos pães e peixes. Com isso, muitas pessoas utilizavam isso como motivação para seguir Jesus. O Mestre aproveita a ocasião para falar do verdadeiro pão que desceu do céu: *"Eu sou o pão da vida; aquele que vem a mim não terá fome, e quem crê em mim nunca terá sede"*.

No Novo Testamento, há livros como as Epístolas do Apóstolo Paulo cuja mensagens e ensinos doutrinários seriam mais bem entendidos se o intérprete lesse o livro inteiro. Precisamos enfatizar que esses livros são "cartas" que Paulo escreveu a igrejas e pessoas, e devem ser lidos como cartas do começo ao fim. É importante salientar que nos tempos de Paulo não havia as divisões de capítulos e versículos que hoje conhecemos.

4.1.2- Cuidado Quanto ao Uso da Terceira Regra Formal

É importante observar que existem alguns cuidados necessários quanto ao uso da terceira regra. Esses detalhes podem influenciar na interpretação de alguns textos que têm sido mal explicados.

O primeiro detalhe é que, quando tratamos acerca da terceira regra, devemos observar que algumas passagens bíblicas contêm parênteses que dão uma explicação ao assunto tratado. Esses, às vezes, são colocados em textos longos e nem sempre podem ser vistos em todas as Bíblias.

Os parênteses colocados em textos curtos não apresentam problemas, mas os de longa duração devem ser observados como, por exemplo, no capítulo 3 de Efésios, no qual o parêntese de explicação vai do versículo 2 até o último do capítulo, e somente retorna ao assunto no primeiro versículo do capítulo 4. Outros exemplos se encontram em Efésios 2.14-18; Romanos 2.13-16.

O segundo detalhe diz respeito a um capítulo ou versículo que começa com uma conjunção, como mas, porque, porém, pois, assim, sendo que, portanto, entretanto, por esta razão, a fim de, de sorte que, visto que, ou qualquer outro termo que implica a continuação do assunto, ou indica que a próxima declaração depende de alguma forma do assunto anterior, o leitor deve seguir a terceira regra formal. Isto é, consultar a passagem bíblica que a precede e a antecede para a devida compreensão do texto.

O terceiro detalhe que pode influenciar na interpretação de alguns textos é o fato de certos capítulos da Bíblia estarem unidos sem necessariamente iniciar um novo assunto ao começo de outro capítulo. Podemos ver alguns exemplos como: Romanos, capítulos 7 e 8; 1 Coríntios 12 e 13; Hebreus 11 e 12.1-3; Mateus 9.38 que inclui Mateus 10.1; Marcos 2.23-28 que inclui Marcos 3.1-5; Efésios 4.32 que inclui Efésios 5.1-2. É importante enfatizar que o leitor deve sempre atentar para a continuidade do assunto, mesmo após o término do capítulo.

4.2- A Quarta Regra Formal e sua Aplicação

A quarta regra formal da hermenêutica se define da seguinte forma: *"Sempre levar em consideração o desígnio ou objetivo de livros ou passagens bíblicas que apresentam expressões ou ensinamentos obscuros de difícil entendimento"*. Às vezes, quando uma declaração, ou um ensino na Bíblia Sagrada, apresenta certa dificuldade na compreensão, é possível encontrar sua interpretação considerando o objetivo geral e a finalidade daquele livro ou texto: quem escreveu o livro, em que época e sob quais circunstâncias, e quem é o destinatário. Todos os escritores da Bíblia escreveram com algum propósito em mente, e descobrindo seus motivos, o leitor esclarecerá passagens obscuras.

4.2.1- Empregando a Quarta Regra em Algumas Passagens Bíblicas

Uma dificuldade comum que alguns leitores encontram quanto ao uso da quarta regra é descobrir o desígnio e propósito de um livro da Bíblia. Essa informação é possível ser obtida em algumas passagens que indicam claramente o propósito do livro, como em: 2 Tm 3.16,17; Jo 20.31; 1 Co 10.1-11 e 1 Jo 2.12-14.

A melhor forma de conhecer o objetivo de um livro bíblico é estudando-o atenciosamente, procurando a todo momento a razão de o autor ter escrito daquela maneira. Esse procedimento não ajuda apenas perceber o propósito de um livro, mas é útil para compreender e explicar passagens que apresentam dificuldades na sua interpretação.

Um exemplo encontra-se em João 8. Os escribas e fariseus, orgulhosos da sua justiça própria, trouxeram a Jesus uma mulher adúltera, e queriam aplicar o julgamento da Lei de Moisés sobre ela. O versículo 6 declara os motivos obscuros dos fariseus. Afinal, um pecado tão grave como o daquela mulher merecia a punição de morte por apedrejamento. O Mestre utilizou aquela ocasião para mostrar a hipocrisia daqueles homens que não viviam de acordo com o que ensinavam. Com as seguintes palavras: *"Aquele que dentre vós estiver sem pecado, seja o primeiro que lhe atire pedra"*. O objetivo de tais palavras de Jesus era expor a pecaminosidade daqueles homens que viviam uma falsa religião.

Outro exemplo pode ser percebido em Lucas 10.25-37, quando Jesus profere a parábola do Bom Samaritano. Se o leitor atentar para o diálogo entre Jesus e o doutor da lei que antecede a parábola, observará que o objetivo do Mestre era responder à seguinte pergunta: *"quem é o meu próximo?"*.

4.2.2- Utilizando a Quarta Regra para Entender os Escritos de Paulo e Tiago

Algumas vezes, estudantes da Bíblia têm chegado à conclusão de que parece haver uma contradição entre as Epístolas de Paulo aos Romanos e Gálatas e a Epístola de Tiago dirigida aos judeus cristãos da dispersão. É importante salientar que Tiago escreveu sua Epístola primeiro que Paulo e sob circunstâncias totalmente diferentes.

Sobre a Epístola aos Romanos, convém informar que o Apóstolo Paulo nunca tinha visitado Roma. As informações que ele tinha acerca daquela igreja eram por intermédio de notícias. O Apóstolo pretendia visitar em breve aquela cidade e queria preparar o coração dos santos para a sua mensagem principal: "a justificação pela fé e não pelas obras".

É notado pela Epístola que a igreja em Roma era composta de gentios e judeus. Desse modo, havia certa polêmica entre eles quanto à observância da Lei mosaica. O Apóstolo tratou o assunto cuidadosamente, tanto do ponto de vista judaico, como do gentio. Ele exaltou a justiça de Deus e a mensagem da justificação pela fé, deixando claro que o homem não é salvo por guardar a Lei, e sim pela Obra expiatória de Cristo.

Sobre a Epístola aos Gálatas, o Apóstolo Paulo trata de um problema semelhante ao da igreja de Roma. Ele fundou as igrejas na Galácia, ensinou-os enfatizando a liberdade Cristã. No entanto, aqueles cristãos foram visitados por obreiros de Jerusalém, que traziam consigo o ensinamento de que, para ser salva, a pessoa necessitaria aderir às práticas do judaísmo, como a circuncisão, guardar os sábados e as festas sagradas dos judeus. Assim, os gálatas assimilaram aqueles falsos ensinos. Quando o Apóstolo Paulo soube desse desvio doutrinário, ele escreveu uma carta aos Gálatas para advertir sobre os perigos de tomar o julgo da Lei como prática necessária à salvação.

O Apóstolo em suas cartas aos Romanos e Gálatas enfatiza que somos justificados perante Deus por meio da fé no sacrifício de Cristo oferecido por nós no Calvário, e não por méritos das obras.

Na Epístola de Tiago, o Apóstolo enfrentou problemas com cristãos que abusaram da sua liberdade em Cristo, esquecendo-se de que deviam produzir boas obras, não por causa da Lei mosaica, mas porque o crente é seguidor de Cristo e de seus ensinos.

Enquanto Paulo ensinava enfaticamente que somos justificados perante Deus por meio da nossa fé, Tiago enfatizou que nossas boas obras justificam nossa fé perante a sociedade ao nosso redor. Observamos aqui que não há contradições nos ensinos desses livros quando se toma em consideração o objetivo, a razão e as circunstâncias que moveram seus escritores a transmitir tais ensinos aos seus destinatários.

Questão para Reflexão

O estudo da terceira e quarta regra nos mostrou a importância de atentarmos para o contexto das passagens bíblicas e o seu objetivo. Lendo a Parábola do Bom Samaritano em Lucas 10.30-36, consultando essas regras, como o leitor poderá interpretá-la?

Capítulo 5

A Quinta Regra Formal e sua Aplicação

A quinta regra formal é simples, direta e se define da seguinte forma: *"Sempre se deve consultar passagens paralelas"*. O leitor precisa saber que uma doutrina bíblica, para ser estabelecida, deve ser apoiada pela repetição segura em outros textos das Sagradas Escrituras. O grande valor e a necessidade dessa regra é que ela disciplina o intérprete bíblico a comparar textos e ajuda a esclarecer passagens obscuras.

A quinta regra formal se divide em três: paralelas de palavras, paralelas de ideias e paralelas de ensinos gerais.

5.1- Paralelas de Palavras

Nas Escrituras, existem palavras e frases que apresentam certa dificuldade de compreensão. Ao se deparar com elas, é necessário que o intérprete procure a interpretação na própria Bíblia, consultando outros textos que contêm declaração ou palavras semelhantes.

5.1.1- Empregando Paralelas de Palavras em Alguns Textos Bíblicos

Em Mateus 7.7, Jesus afirmou: *"Pedi, e dar-se-vos-á..."*. Algumas pessoas enxergam esse texto de uma forma direta, como se num gesto mágico tudo que uma pessoa pedir alcançará. É como se Deus colocasse um cheque em branco que pode ser preenchido por qualquer pessoa em qualquer hora, e Ele que é fiel cumpridor das suas promessas prontamente deve atender ao pedido.

Numa consulta cuidadosa em paralelas de palavras, o leitor observará o que Jesus falou acerca desse assunto. Por exemplo, em Marcos 11.24, ele declara que será necessário "pedir com fé". O Mestre foi mais além e declarou aos seus discípulos que há duas condições para que recebamos o que pedimos como mostra João 15.7: *"Se vós estiverdes em mim, e as minhas palavras estiverem em vós, pedireis tudo o que quiserdes, e vos será feito"*.

Às vezes encontramos a conjunção "se" em algumas passagens bíblicas. O leitor deve ficar atento que quase sempre são condicionais exigidas por Deus para que seu povo obtenha as promessas. A Epístola de Tiago 4.3 ensina expressamente que é possível pedir e não receber porque pedimos mal, e com motivos egoístas. Em 1 João 5.14, o Apóstolo nos admoesta que "Deus ouvirá os nossos pedidos segundo a vontade dele".

Outra passagem bíblica que pode ser mais bem compreendida com o uso das paralelas de ideias encontra-se em Gálatas 3.27, na qual o Apóstolo Paulo faz a seguinte afirmação: *"Porque todos quantos fostes batizados em Cristo já vos revestistes de Cristo"*. Consultando outros textos do mesmo Apóstolo, encontramos o esclarecimento do texto aos Gálatas.

Em Romanos 13.12, somos advertidos a rejeitar as obras da carne e revestir-nos das armas da luz. Paulo continua o mesmo pensamento em Colossenses 3.8-10,12-14, em que o Apóstolo nos convida a despojar-nos do velho homem e suas concupiscências para revestir-nos do novo homem em Cristo Jesus. O Apóstolo Pedro, em sua primeira Epístola 3.3, admoesta: *"O homem deve ter o coração encoberto; no incorruptível traje de um espírito manso e quieto, que é precioso diante de Deus"*. Ser revestido de Cristo significa ter as virtudes espirituais e qualidades morais de Cristo dominando nossas vidas.

5.1.2- Cuidados Quanto ao Uso de Paralelas de Palavras

A quinta regra formal pode auxiliar o intérprete a compreender diversos textos que necessitam de esclarecimentos. Uma ferramenta útil e necessária para consultar paralelas de palavras é uma concordância bíblica. Entretanto, o leitor deve observar os termos e perceber se têm o mesmo sentido em passagens diferentes.

Existem algumas palavras na Bíblia que, por motivo de tradução, não têm o mesmo significado quando utilizadas em vários textos. Por esse motivo, o leitor deve consultar a terceira regra e verificar o contexto em que a palavra está inserida.

Um exemplo é a palavra "arrepender". Esse termo é usado no Antigo Testamento com outros sentidos além do seu uso geral no Novo Testamento, no qual aparece 34 vezes como verbo (arrepender) e 23 vezes como substantivo (arrependimento). Quase sempre significa uma mudança de mente e comportamento do pecador para com Deus. Já no Velho Testamento aparece 35 vezes. Geralmente significa uma mudança no trato de Deus para com os homens. Esse trato é sempre feito de acordo com o seu justo julgamento, como vemos em 1 Sm 15.11,35; Jn 3.9-10. Às vezes, o termo é usado para certificar que Deus não se desviará do seu propósito (1 Sm 15.29; Sl 110.4; Jr 4.28). Somente em cinco ocasiões no Antigo Testamento refere-se ao arrependimento humano.

5.2- Paralelas de Ideias

A quinta regra formal sugere ao leitor, sempre que encontrar dificuldades na compreensão de uma passagem bíblica, consultar outros textos que abordem o mesmo assunto. Às vezes, a terminologia usada é metafórica, assim facilmente será percebida. Exemplos: "a corrida cristã", "o jugo de Cristo", "armadura espiritual", etc.

5.2.1- Empregando Paralelas de Ideias em Alguns Textos Bíblicos

Em Hebreus 13.8, vemos as seguintes palavras: *"Jesus Cristo é o mesmo, ontem, hoje e eternamente"*. Observamos que o escritor está se referindo à imutabilidade de Cristo. Porém, em que aspecto Cristo não muda, sendo que ele encarnou, tomou forma humana, depois ressuscitou com um corpo glorificado e subiu ao céu?

O leitor, ao consultar passagens que falem da imutabilidade de Cristo, verá que Ele continua o mesmo em essência e nesse aspecto nunca houve mudança alguma. Cristo é Deus e, como segunda Pessoa da Trindade, tem todos os atributos Divinos. Sempre que houver passagens que se refiram ao caráter imutável de Deus, esses textos devem ser utilizados para tornar mais claras as palavras do escritor aos hebreus.

Quando falamos dos fundamentos da Igreja, não podemos ignorar a interpretação equivocada por parte de muitas pessoas com relação ao texto de Mateus 16.18, quando Cristo afirmou para Pedro as seguintes palavras: *"Pois também eu te digo que tu és Pedro, e sobre esta pedra edificarei a minha igreja, e as portas do inferno não prevalecerão contra ela"*.

A interpretação desse texto por parte de alguns sugere que é sobre Pedro que Cristo está edificando a sua Igreja. No entanto, outras passagens paralelas que tratam do mesmo assunto deixarão claro que é sobre o próprio Cristo que a sua igreja está edificada. O Apóstolo Paulo escreveu aos Coríntios 3.11, as seguintes palavras: *"Porque ninguém pode pôr outro fundamento além do que já está posto, o qual é Jesus Cristo"*. Até mesmo Pedro em sua Epístola, 2.6, assevera acerca de Cristo como a Pedra principal: *"E assim para vós, os que credes, é preciosa, mas, para os rebeldes, a pedra que os edificadores reprovaram, essa foi a principal da esquina,"*.

5.2.2- Cuidados Quanto ao Uso de Passagens Paralelas de Ideias

O leitor deve atentar para os textos que contêm o mesmo assunto, pois, com isso, algumas passagens obscuras podem ser esclarecidas. No entanto, alguns cuidados são necessários. Para certificar-se de que as passagens paralelas das mesmas ideias tratam de um assunto comum, o intérprete deve utilizar a terceira regra e consultar o contexto.

Um exemplo claro acerca do cuidado que se deve tomar é a questão do sábado como preceito estabelecido na Lei mosaica. O leitor que buscar entender a obrigação de guardar o sétimo dia nos textos do Antigo Testamento certamente concluirá que Deus requer isso do seu povo. Afinal, dezenas de passagens bíblicas asseveram que essa é uma lei obrigatória. Como por exemplo, Deuteronômio 5.15: *"Porque te lembrarás que foste servo na terra do Egito, e que o SENHOR teu Deus te tirou dali com mão forte e braço estendido; por isso o SENHOR teu Deus te ordenou que guardasses o dia de sábado"*.

No entanto, a verdadeira compreensão da legitimidade do sábado para os nossos dias foi esclarecida por Jesus e Paulo. Esse assunto foi tema de discussões durante o ministério de Cristo. O Mestre provou que os líderes judaicos tinham distorcido o sentido do sábado, por causa disso seus opositores tentavam matá-lo. Vejamos nas palavras de João 5.17,18: *"E Jesus lhes respondeu: Meu Pai trabalha até agora, e eu trabalho também. Por isso, pois, os judeus ainda mais procuravam matá-lo, porque não só quebrantava o sábado, mas também dizia que Deus era seu próprio Pai, fazendo-se igual a Deus"*. O Apóstolo Paulo também esclareceu a questão do sábado na perspectiva da Nova Aliança, como nos mostra a Epístola aos Colossenses 2.16: *"Portanto, ninguém vos julgue pelo comer, ou pelo beber, ou por causa dos dias de festa, ou da lua nova, ou dos sábados,"*.

Observamos que o leitor deve sempre aplicar outras regras da hermenêutica, além de consultar passagens paralelas, para uma interpretação correta do texto.

5.3- Paralelas de Ensinos Gerais

Apesar de o leitor, a fim de compreender o real sentido do texto, usar textos paralelos de palavras e ensinos, em determinadas passagens bíblicas, uma interpretação clara das Escrituras exigirá consultar o ensino geral de toda Bíblia sobre o assunto.

Todas as doutrinas fundamentais das Escrituras são claramente ensinadas nas Escrituras. Em toda a Bíblia, o leitor encontrará textos referentes aos temas, como a existência de Deus, a Divindade de Cristo, a Trindade, a Salvação, o castigo dos ímpios, o céu, etc.

O motivo de algumas falsas interpretações reside na incompreensão desses ensinos, às vezes por conta da linguagem bíblica, outras vezes pela intenção consciente de distorcer a verdade. A consequência disso são as várias seitas pseudocristãs.

Um exemplo claro de como a falta de cuidado com os ensinos gerais das Escrituras pode gerar confusão e erros é a seita Testemunhas de Jeová que em virtude de uma interpretação equivocada de textos como João 1.1; Colossenses 1.15 asseveram que Cristo era apenas uma criatura de Deus.

Ao leitor atento, basta consultar os ensinos gerais das Escrituras para ver a Divindade de Cristo sendo afirmada por todos os escritores do Novo Testamento, bem como as próprias narrativas do ministério terreno de Cristo. Ele afirmou pessoalmente ser o próprio Deus, perdoou pecados e aceitou adoração. Portanto, não tem fundamentação bíblica a ideia de que Cristo era apenas um ser criado por Deus.

Questão para Reflexão

Aprendemos, neste capítulo, o valor do uso das passagens paralelas para uma correta interpretação das Escrituras. Retomando o que já foi ensinado, quais os cuidados que o intérprete deve tomar ao utilizar a quinta regra formal da hermenêutica?

UNIDADE IV

A LINGUAGEM BÍBLICA E AS FIGURAS DE RETÓRICA

O cuidado do intérprete quanto à linguagem bíblica é um aspecto fundamental para a correta interpretação dos Textos Sagrados. Em virtude de a Bíblia ter sido escrita em três idiomas não usuais no contexto ocidental, constitui um desafio para o leitor observar as mudanças ocorridas nos sentidos das palavras.

Portanto, nesta unidade, estudaremos acerca de importantes observações sobre a linguagem bíblica, atentando para o significado e sentido das palavras, bem como das expressões hebraicas e gregas. Veremos também as tipologias e simbologias bíblicas, o uso de provérbios e parábolas na Bíblia e as figuras de retóricas e sua aplicação nos textos sagrados.

CAPÍTULO 1

Importantes Observações Sobre a Linguagem Bíblica

A Palavra de Deus será melhor compreendida se o leitor estudar cuidadosamente seu conteúdo. Um dos fatores que demanda atenção meticulosa é a linguagem e as terminologias bíblicas. Sabemos que a Bíblia não foi escrita originalmente em português, espanhol, inglês, ou qualquer outra língua mais comum à nossa realidade.

Na interpretação das Escrituras, o cuidado devido com a linguagem bíblica nunca pode ser ignorado. O significado das palavras não pode mudar ao nosso modo. Não nos é permitido, em hipótese alguma, modificar, alterar ou tirar a força e impacto dos termos bíblicos. Através de diligente estudo e cuidadosa investigação, temos de buscar da melhor forma possível o sentido exato da terminologia bíblica e, ao mesmo tempo, evitar inserir pensamentos pessoais.

1.1- O Significado das Palavras

Em sua maioria, as palavras que sobrevivem por longo tempo numa língua adquirem muitas denotações e conotações. Ao lado dos seus significados específicos, muitas vezes as palavras têm uma variedade de denotações vulgares. Isto é, usos comuns nas conversações do cotidiano.

Vejamos alguns exemplos. Quando falamos "o muro está acabado", supomos que o muro está concluído, completo. No entanto, ao dizermos "José está acabado" significa que José está envelhecido, esgotado e abatido.

As palavras e frases podem ter denotações vulgares e também técnicas. Por exemplo, a frase "há uma onda de coqueluche na cidade" tem um sentido quando empregado como termo médico. Porém, o sentido muda completamente quando se diz que "a coqueluche da cidade é andar de calça jeans desbotada", em que a linguagem é vulgar.

As denotações literais podem finalmente conduzir a denotações metafóricas. Usada literalmente, a palavra verde refere-se a uma cor. Entretanto, empregada com sentido metafórico, pode estender desde a uma fruta que ainda não amadureceu até a ideia de uma pessoa imatura e inexperiente. É importante observar que o uso da palavra verde como cor tem um sentido neutro, porém, quando usada no sentido metafórico, pode ter um sentido pejorativo.

1.2- Conhecendo os Sentidos das Palavras na Bíblia Sagrada

As regras ajudam o leitor saber em que sentido as palavras e versículos bíblicos devem ser tomados. Há três sentidos pelos quais podemos interpretar as Escrituras: literal (ao pé da letra), figurativo (simbólico) e popular (comum ou usual). Observando com cuidado as regras 2 e 3, será possível logo descobrir em qual sentido uma palavra ou termo deveria ser classificado ou aplicado. Por exemplo: quando falamos a palavra "cruz", pensamos imediatamente na cruz do calvário. Nesse caso, estamos interpretando literalmente o texto como Mt 27.40.

Porém, seria impossível dar uma interpretação literal a palavra "cruz" em Mt 16.24: *"Então disse Jesus aos seus discípulos: Se alguém quiser vir após mim, renuncie-se a si mesmo, tome sobre si a sua cruz, e siga-me;"*. Aqui teria de ser aplicada figurativamente. Como seria se interpretássemos literalmente? Teríamos pessoas fabricando cruzes e levando-as pelas ruas a fim de mostrarem que são seguidoras de Cristo. A cruz na época de Jesus tinha somente uma finalidade para os romanos: crucificar os criminosos condenados.

Para seguir Jesus com todo o coração, será necessário que crucifiquemos o "eu", a nossa vontade e renunciemos a nós mesmos, pondo Jesus em primeiro lugar em nossas vidas. Só assim podemos ser chamados de "seus discípulos" (Lc 14.27).

Vamos considerar o uso da palavra "cruz" no sentido comum e popular entre o povo. O Apóstolo Paulo fala em Fp 3.18 que há "aqueles que são inimigos da cruz de Cristo". Não seria possível classificar a palavra "cruz", nessa referência, nem como literal, nem como figurativo, pois literal implicaria um objeto de madeira, e aplicação figurativa tiraria o sentido verdadeiro da palavra. Quando lembramos que os cristãos da igreja Primitiva eram chamados de o povo do "caminho" e o povo da "cruz" popularmente identificado assim, nós podemos entender que o uso da palavra "cruz" diz respeito aos seguidores de Jesus. Nesse sentido, o texto se referia aos falsos seguidores de Cristo que, de fato, são inimigos de Jesus e da sua igreja.

Há muitas palavras nas Escrituras que têm de ser examinadas dentro do contexto, e às vezes pelos textos paralelos para determinar o verdadeiro sentido.

Compare e classifique as palavras das colunas com base nas seguintes referências:

Comer	Ez 3.2,3	Lc 24.43	Nm 16.32
Templo	Jo 2.19	1 Co 6.19	2 Co 5.1
Morrer ou Morto	Gn 25.8	1 Co 15.31	Ef 2.5
Trevas	Ef 5.8	Mt 27.45	Lc 1.79
Dormir	1 Ts 4.15	Mt 8.24	Sl 44.23

É da mais alta importância que o intérprete saiba se a palavra é usada no sentido literal ou figurado. Os judeus, e até os discípulos, cometeram frequentes erros quando interpretavam literalmente o que Jesus declarava de modo figurado. Veja em João 4.11; 6.52. O fato de alguns intérpretes não entenderem algumas declarações de Jesus como, por exemplo, quando ele instituiu a Ceia e, ao partir o pão, disse "isto é o meu corpo", tornou-se fonte de divisão na Reforma.

É indispensável que o leitor tenha uma concepção clara das coisas sobre as quais se baseiam as figuras, ou de onde são extraídas, visto que o uso de tais palavras se fundamenta em certas semelhanças e relações.

A linguagem figurada da Bíblia se deriva especialmente dos aspectos físicos da Terra Santa, das instituições religiosas de Israel, da história do antigo povo de Deus e da vida cotidiana e dos costumes dos vários povos que ocupam lugar importante na Bíblia. Essas coisas, portanto, devem ser entendidas, a fim de que as figuras que delas se derivam possam ser interpretadas. No Salmo 92.12, lemos: "*O justo florescerá como palmeira; crescerá como o cedro no Líbano*". O expositor não entenderá claramente essa passagem sem conhecer a palmeira e o cedro. Se desejar explicar o Salmo 51.7, *"Purifica-me com hissope, e ficarei puro"*, ele deve ter algum conhecimento do método de purificação cerimonial entre os israelitas.

1.3- A Interpretação de Expressões no Hebraico

A Bíblia, como sabemos, foi escrita em grande parte no ambiente cultural dos hebreus. Isso pode ser percebido por meio da linguagem e o modo de expressar alguns pensamentos. O leitor que atentar para os termos de difícil compreensão, em muitos casos, estará lidando com expressões que, embora não sejam claramente entendidas na nossa cultura, são comuns ao povo hebreu. Esses termos usuais chamam-se "hebraísmo".

1.3.1- Textos Bíblicos com Expressões Hebraicas

Uma característica comum no hebraísmo é que as figuras de linguagens utilizadas nunca podem ser tomadas no sentido literal. Mas sempre têm um sentido figurativo ou comum ao povo hebreu.

Em Lucas 14.26, Jesus fez um discurso para a multidão acerca do preço de segui-lo: *"Se alguém vier a mim, e não aborrecer ao seu pai, e mãe, e mulher, e filhos, e irmãos, e irmãs, e ainda também a sua própria vida, não pode ser meu discípulo"*. Se nós tomarmos a declaração no sentido literal, não somente seria uma contradição do ensino geral das Escrituras, como também levaria o intérprete a uma compreensão extremada. Jesus sempre ensinou que devemos honrar os pais Mt 15.4; Mc 7.10.

No entanto, se lembrarmos que essa declaração é um hebraísmo, ou seja, uma forma dos hebreus expressarem contraste ou preferência entre duas coisas, ou até mesmo entre duas pessoas, entenderemos porque Jesus falou tais palavras. A expressão "aborrecer" indica o contraste do sentimento que a pessoa deve nutrir pelos seus parentes e o sentimento por Jesus. Significa que o amor por Jesus deve ser tão profundo que, comparado a outros sentimentos, somente uma forte distinção poderia expressá-lo. Em Mateus 10.37, o Mestre explicou esse hebraísmo em palavras claras: *"Quem ama o pai ou a mãe mais do que a mim não é digno de mim; e quem ama o filho ou a filha mais do que a mim não é digno de mim"*.

O que podemos entender nas palavras de Cristo é que Ele deve ter o primeiro lugar no coração daqueles que querem se tornar seus discípulos. Observamos, nessa referência, a força do contraste que é comum no hebraísmo.

Quando observamos atentamente os hebraísmos, percebemos que às vezes os hebreus, apesar de se referirem apenas a uma pessoa ou coisa, mencionavam várias para indicar sua existência e relação com a pessoa ou coisa a que se referiam, como, por exemplo, ao dizer "A arca repousou sobre as montanhas de Ararat", o que equivale a dizer que repousou sobre um dos montes Ararat (Gn 8.4). Do mesmo modo, vemos em Em Mateus 26:8 onde relata a história da mulher que ungiu os pés de Jesus, vemos que "os discípulos se indignaram" pela perda do unguento, dizendo "para que este desperdício?". No entanto, sabemos por João que foi um deles, Judas, que, sem dúvida, expressando o pensamento dos demais, disse "Para que este desperdício?".

Outra característica de expressões comuns aos hebreus é o uso frequente do nome dos pais para designar seus descendentes. O salmista declara em Salmos 14.7: "... *quando o Senhor restaurar a sorte do seu povo, então exultará Jacó e Israel se alegrará*". Com base no tempo em que essa passagem bíblica foi escrita, o leitor perceberá claramente que Jacó não era mais vivo. A menção do seu nome é representativa. Na verdade, era acerca da nação de Israel a que o salmista se referia.

Podemos observar mais exemplos, como no caso dos sacerdotes que são frequentemente mencionados na Bíblia como "filhos de Levi", sendo que Levi foi filho de Jacó. Isso acontece porque os levitas foram separados por Deus para o ministério sacerdotal. Em 2 Reis 8.26, Atalia é chamada filha de Onri, quando na realidade era neta de Onri, e filha de Acabe (2 Cr 21.6).

Uma dificuldade que o intérprete pode encontrar no modo de expressão dos hebreus é com relação aos nomes de pessoas. Comumente na Bíblia, vemos pessoas chamadas por mais de um nome. Por exemplo: Natanael e Bartolomeu tratam-se da mesma pessoa, o mesmo caso pode ser visto com Tomé e Dídimo, Levi e Mateus. Houve, ao todo, pelos menos cinco reis "Herodes" e várias mulheres com o nome de Maria. É necessário ler o contexto para identificar a que pessoa o escritor se refere.

1.3.2- Os Nomes de Lugares no Modo de Expressão dos Hebreus

Quando o leitor estuda a Geografia Bíblica, nota que várias localidades são mencionadas nas Escrituras com mais de um nome. Através do hebraísmo, o povo hebreu tem preservado sua cultura, que inclui expressões idiomáticas que continuam em uso nos tempos modernos.

Vejamos alguns exemplos de lugares mencionados com mais de um nome: Sinai e Horebe são nomes do mesmo monte; o país da Etiópia moderna no passado foi chamado Abissínia e às vezes os hebreus se referiam à nação como o país de Cuxe. O mar da Galileia é também chamado de Mar de Tiberíade (Mc 1.16; Jo 6.1; 21.1), e na antiguidade foi chamado de Mar de Quinerete (Nm 34.11). O Mar Morto foi designado por vários nomes: Mar da Planície, Mar Salgado e, às vezes, o Mar do Leste. O Mar Mediterrâneo é chamado, às vezes, o Mar dos Filisteus, e frequentemente o Mar Grande (Ez 47.15; 48.28; Dn 7.2), em Dt 11.24, é chamado o Mar Ocidental. Os hebreus chamaram a sua nação por vários nomes: a Terra Santa, Terra de Israel, Canaã, Palestina, Terra da Promessa.

1.4- A Interpretação de Expressões Gregas

Na Bíblia Sagrada, o intérprete não só encontrará expressões comuns aos hebreus, mas também aos gregos. O destaque dessas duas culturas justifica-se pela grande influência que exerceram no Antigo e Novo Testamento.

A diferença de linguagem do Antigo Testamento para o Novo Testamento não se relaciona apenas com escritores, mas também com os intérpretes. Inicialmente, os textos da Antiga Aliança foram lidos e interpretados pelos judeus. Em contrapartida, os escritos da Nova Aliança alcançaram imediatamente os gentios. Os escritores do Novo Testamento utilizaram termos próprios do modo de pensar grego, com isso, a mensagem do Evangelho tornou-se compreensível a todas as pessoas da época.

Na Epístola de Paulo aos Colossenses 2.14, vemos as seguintes palavras: *"Havendo riscado a cédula que era contra nós nas suas ordenanças, a qual de alguma maneira nos era contrária, e a tirou do meio de nós, cravando-a na cruz"*. Os leitores e ouvintes de Paulo naquela época entenderam claramente essa analogia, pois esse modo de falar expressava uma realidade comum a eles, em particular aos gregos gentios.

Quando uma pessoa contraía uma dívida no mercado ou centro comercial na época, ao pagar, o credor não somente riscava o documento da dívida em tinta vermelha, como também enviava o documento riscado para ser cravado na porta da pessoa que pagou. Essa era uma indicação da sua honestidade.

A aplicação dessa passagem bíblica pode ser claramente entendida.

Jesus cancelou a dívida que era contra nós, riscou-a e cravou-a na sua cruz, pagando, desse modo, pelos nossos pecados. Assim, nossa dignidade foi restituída e hoje somos justificados diante de Deus.

Questão para Reflexão

O intérprete deve sempre atentar para o sentido das palavras nas Escrituras Sagradas a fim de aproximar-se ao máximo possível da intenção do escritor. Quais os erros mais comuns que temos presenciado nos nossos dias em virtude da falta de cuidado quanto à linguagem bíblica?

Capítulo 2

Os Símbolos e as Tipologias na Bíblia Sagrada

Os escritores bíblicos influenciados pelo modo de expressão da sua época utilizaram diversas formas de comunicar as verdades eternas de Deus. Uma dessas formas foi o uso dos símbolos e tipologias. Quanto ao simbolismo bíblico, trata-se de representações figurativas de eventos, pessoas ou objetos. Os símbolos são meramente imagens figurativas alegóricas e não reais. Já a tipologia são instituições, eventos, pessoas, cerimônias ou eventos que representam uma realidade futura designada por Deus.

2.1- O uso dos Símbolos na Bíblia Sagrada

Embora o uso dos símbolos seja frequente nas Escrituras Sagradas, as passagens bíblicas nas quais eles aparecem mostram claramente que não podem ter uma aplicação literal, e sim somente figurativa. Essa distinção é fundamental para uma interpretação correta da Bíblia.

É importante enfatizar que os objetos, eventos, nomes e países que são simbólicos numa passagem bíblica nem sempre são simbólicos em outras passagens. Por exemplo, a Babilônia descrita em Daniel 1.1 é literal, trata-se da principal cidade do grande império babilônico. Mas, a Babilônia de Apocalipse 17.5 é simbólica. Ela representa a apostasia, a blasfêmia e a imoralidade de um sistema corrompido pelo pecado.

O intérprete deve aceitar como símbolo somente elementos que mostram claramente a impossibilidade de ser reais ou literais. Nem todos os objetos retratados em visões, como no caso dos profetas Jeremias e Ezequiel, são simbólicos. A observação cuidadosa da passagem dará discernimento quanto à classificação correta.

2.2- Nomes Simbólicos na Bíblia

Alguns nomes bíblicos são associados a características e comportamentos daquela pessoa ou lugar. Por exemplo, quando se fala a palavra "traição", geralmente imagina-se o nome "Judas". Quando pensamos em alguém que duvida, vem-nos imediatamente o nome "Tomé". Essas colocações não são bíblicas, por isso essas associações não são declaradas simbólicas em se tratando da hermenêutica.

Os nomes simbólicos na Bíblia geralmente se dão por meio de características ou atribuições da pessoa, lugar ou objeto. Por exemplo, o Egito é um país no Norte da África (Gn 41.46), mas, nas Escrituras Sagradas, o Egito é citado como símbolo de idolatria e de um mundo ímpio (Os 9.3). Judá foi o nome dado ao quarto filho de Jacó (Gn 29.35), mas também é usado nas Escrituras para simbolizar toda a nação descendente de Judá (Jr 1.18). O mesmo acontece com Israel, que é uma nação, mas Jacó recebe também esse nome.

As Escrituras Sagradas contêm muitos símbolos. Alguns são comuns e conhecidos, apresentados em figuras de retóricas. Os símbolos que são relacionados com a Bíblia podem ser visto da seguinte forma: Lâmpada (Sl 119.105); Espelho (Tg 1.23ss); Lavatório (Ef 5.26); Pão (Is 55.10); Leite (Hb 5.12); Carne (1 Co 3.2); Mel (Ez 3.3); Fogo (Jr 23.29); Martelo (Jr 23.29); Espada (Ef 6.17); Semente (Lc 8.11); Luz (Sl 119.130).

Considere os seguintes nomes e sua classificação em diferentes textos bíblicos:

Simbólico	Literal ou comum
Abelha – reis da Assíria (Is 7.18)	Abelha (Jz 14.8)
Árvore – um reinado (Jz 9.8)	Árvore (Gn 1.12; Sl 1.3)
Arca – Cristo (1 Pe 3.20-22)	Arca (Gn 6.14)
Balança – o peso que Deus usa (Dn 5.27)	Balança (Lv 19.35)
Bosque – governo idólatra (Ez 20.46,47)	Bosque (1 Sm 22.5)
Braço – força e poder (Sl 10.15)	Braço (Mc 9.36)
Cadeia – a escravidão da condenação eterna (2 Pe 2.4)	Cadeia (At 16.26)
Cálice – beber a ira de Deus (Is 51.17)	Cálice (1 Co 11.25)
Cães – vigias, pastores negligentes (Is 56.10,11)	Cães (Lc 16.21)
O Cedro – o reinado da Assíria (Ez 31.3)	Cedro (Sl 104.16)
O Leopardo – inimigo cruel e terrível (Dn 7.6)	Leopardo (Jr 13.23)

Há muitos outros termos simbólicos na Bíblia. Entretanto, o estudante deve atentar para não interpretar o texto simbolicamente quando as palavras forem literais ou comuns. A forma mais adequada de perceber é ler atentamente a passagem bíblica, utilizando a terceira regra formal da hermenêutica.

2.3- A Tipologia Bíblica

Tipologia é o estudo ou ciência dos tipos. A definição mais comum de tipo diz que se trata de uma relação preordenada que certas pessoas, eventos e instituições têm com outras pessoas, eventos e instituições correspondentes, que ocorrem numa época posterior na história da salvação. Tipos são elementos reais que apontam uma realidade futura chamada antítipo.

A tipologia baseia-se na suposição de que há um padrão na obra de Deus através da história da salvação. Deus prefigurou sua obra redentora no Antigo Testamento e cumpriu-a no Novo Testamento.

A Bíblia registra que Deus se revelou progressivamente na história e, de certa forma, foi apresentando indícios do que estava projetado para a humanidade no fim dos tempos. Esse processo histórico culminou na vinda do Messias. A Epístola aos Hebreus nos ajuda a compreender melhor a revelação progressiva e o significado espiritual das instituições do Velho Testamento que apontavam para a Nova Aliança. A realidade do Antigo Testamento, nós chamamos de tipo; já o cumprimento no Novo Testamento, nós chamamos de antítipo.

2.3.1- Cuidados Necessários Quanto ao Uso dos Tipos na Bíblia

Existem algumas observações que devem ser feitas com relação à tipologia. Primeira, é que o antítipo é mais forte que o tipo. Pois o tipo é apenas a sombra de uma realidade encontrada no antítipo, portanto, imperfeito. Exemplo: Isaque é um tipo de Cristo. A segunda observação é que o tipo é sempre algo terrestre, enquanto seu antítipo pode ser terrestre ou celeste, como vemos em Hebreus 9.24. A terceira observação é que o tipo é profético, pois sempre anuncia algo futuro (Rm 5.14).

Os tipos se assemelham aos símbolos e podem até ser considerados uma espécie particular de símbolo. Entretanto, existem duas características que o diferenciam. Primeira, os símbolos servem de sinais de algo que representam, sem necessariamente ser semelhantes a qualquer aspecto, ao passo que os tipos se assemelham, com uma ou mais forma, às coisas que prefiguram. Segunda, os tipos apontam para o futuro, ao passo que os símbolos podem não fazê-lo. Um tipo sempre precede historicamente o seu antítipo. Quanto ao símbolo, pode preceder, coexistir ou vir depois daquilo que ele simboliza.

A tipologia também deve diferenciar-se do alegorismo. A tipologia é a busca de vínculos entre os eventos históricos, pessoas ou coisas dentro da história da salvação. O alegorismo é a busca de significados secundários e ocultos que sublinham o significado primário e óbvio da narrativa histórica.

É importante enfatizar que não há tantos tipos na Bíblia como alguns podem imaginar. Um intérprete cuidadoso não pode enxergar, em todas as instituições mencionadas nos textos sagrados, tipos de realidades futuras. A própria Escritura é o instrumento averiguador da legitimidade da interpretação tipológica.

Existem pelo menos três características fundamentais nos tipos. Primeira, deve haver um ponto evidente de semelhança e analogia entre o tipo e o seu antítipo. Segunda, deve haver evidência de que a coisa tipificada representa o tipo que Deus indicou. Terceira, o tipo deve prefigurar alguma coisa futura.

Outro cuidado que o leitor deve ter é que os tipos não podem servir de base para as doutrinas fundamentais da fé Cristã, embora possam ajudar na sua compreensão. Inclusive podem ser usados para ilustrar doutrinas. O Apóstolo Pedro utilizou a história do dilúvio para representar o batismo nas águas, 1 Pe 3.18,19:

> "Os quais noutro tempo foram rebeldes, quando a longanimidade de Deus esperava nos dias de Noé, enquanto se preparava a arca; na qual poucas (isto é, oito) almas se salvaram pela água; Que também, como uma verdadeira figura, agora vos salva, o batismo, não do despojamento da imundícia da carne, mas da indagação de uma boa consciência para com Deus, pela ressurreição de Jesus Cristo".

2.3.2- Alguns Exemplos de Tipos na Bíblia

Todos os elementos na Bíblia, que podem ser usados como um tipo, são confirmados pelas declarações claras encontradas em outras referências bíblicas. Grande parte da tipologia bíblica encontra-se no Antigo Testamento. Por exemplo: os ensinos sobre o tabernáculo, o sacerdócio, os sacrifícios, são temas explicados no Novo Testamento pela Epístola aos Hebreus.

O Evangelho de João menciona vários tipos de Cristo na Bíblia: cordeiro de Deus (1.29); templo (2.19-21); a serpente de bronze levantada no deserto (3.14); a água da vida (4.14); o maná descido do céu (6.35); a rocha da água viva (7.37,38); o pastor de ovelha (10.11); o grão de trigo (12.24).

Outros exemplos de tipos no Novo Testamento podem ser vistos como a ceia do Senhor que tipifica a sua morte e sua vinda; o batismo nas águas praticado por João Batista e ilustrado por Jesus Cristo como sendo um testemunho de fé e mudança de vida, que tipifica morrer para o mundo e ressuscitar para uma nova vida em Cristo.

Veja na tabela alguns tipos e seus significados:

PESSOAS	**Enoque** – tipo dos santos que serão arrebatados por Cristo.
	Eliezer – tipo do Espírito Santo que conduz a noiva de Cristo ao encontro do noivo.
	Faraó – tipo do inimigo do povo de Deus que escraviza e causa sofrimento.
	Rute – tipo do crente que deixa tudo para seguir a Cristo.
	O levantamento da serpente no deserto – tipifica Jesus sendo levantado na cruz para a cura das nações.
	O sacrifício de Abraão – tipifica Deus oferecendo seu Filho unigênito.
EVENTOS	**A noite da páscoa** – significa que os crentes são guardados da morte pelo sangue de Cristo.
	Egito – tipifica o mundo de escravidão e falso refúgio.
PAÍSES	**Babilônia** – tipifica o poder do mal, da apostasia, do orgulho, da corrupção que busca dominar o mundo.
	Cordeiro – tipo de Cristo.
ANIMAIS	**Ovelha** – tipo de crente que segue o Bom Pastor, Jesus Cristo.
	Raposa – tipo de pessoa astuta.

Questão para Reflexão

Na Bíblia Sagrada, podemos encontrar diversos textos com tipos e símbolos. O problema enfatizado no capítulo está quando o intérprete os utiliza de forma demasiada, contrariando, assim, os princípios da hermenêutica expostos neste capítulo. Como o conhecimento desses princípios mudou sua forma de entender os tipos e símbolos da Bíblia?

CAPÍTULO 3

O Uso de Provérbios e Parábolas na Bíblia

Os escritores sagrados por diversas vezes se utilizaram dos recursos de linguagens para transmitir verdades fundamentais. Um exemplo são os provérbios e as parábolas. Embora os provérbios sejam mais frequentes no Antigo Testamento, assim como as parábolas são no Novo Testamento, em toda a Bíblia podemos ver essas figuras de linguagem.

3.1- Os Provérbios e sua Aplicação na Bíblia Sagrada

Os provérbios são expressões concisas acerca da vida no geral. Um dos maiores problemas da religião é a falta de relação prática da crença com a vida diária. É possível divorciar a vida religiosa das ações do cotidiano. Desse modo, os provérbios podem proporcionar um excelente antídoto, pois demonstram a verdadeira religião em termos práticos.

3.1.1- Os Provérbios no Antigo Testamento

No Antigo Testamento, os provérbios estão redigidos em sua maior parte em forma poética, consistentes em dois paralelismos, que geralmente são sinonímicos, antitéticos ou sintéticos. O livro dos Provérbios contam grande variedades de Provérbios, enigmas e ditos obscuros.

O foco geral do livro de Provérbios é o aspecto moral da Lei. Os focos específicos incluem sabedoria, moralidade, castidade, controle da língua, associações com outras pessoas, indolência e justiça.

O propósito dos Provérbios é afirmado assim na introdução ao Livro dos Provérbios (1.2-6):

"Para se conhecer a sabedoria e a instrução; para se entenderem, as palavras da prudência. Para se receber a instrução do entendimento, a justiça, o juízo e a equidade; para dar aos simples, prudência, e aos moços, conhecimento e bom siso; o sábio ouvirá e crescerá em conhecimento, e o entendido adquirirá sábios conselhos; para entender os provérbios e sua interpretação; as palavras dos sábios e suas proposições".

Observe que há uma relação intrínseca dos provérbios com o entendimento, e um modo de vida correto. Trata-se de viver sabiamente e não diz respeito à mera aquisição de informações. Mas, baseiam-se no compromisso ético-moral de atentar aos valores eternos de Deus, reconhecendo nele a Suprema Vontade que norteia todas as nossas ações. Segundo Virkler (1998, p.125), "dentro desta perspectiva, os provérbios não são apenas frases soltas que alude a piedade e devem ser penduradas na parede, mas se tornam meios intensamente práticos, significativos, e que inspiram um andar íntimo com Deus".

3.1.2- Os Provérbios no Novo Testamento

No Novo Testamento, podemos observar vários provérbios. Jesus e também os Apóstolos utilizaram ditos comuns à sua época para refutar ideias e ensinar princípios do Evangelho. O uso dos provérbios tinha como objetivo tornar clara a mensagem que os escritores intencionavam transmitir.

Um exemplo de provérbios pode ser percebido em Lucas 4.23, em que vemos a seguinte expressão: "Médico, cura-te a ti mesmo". Esse deve ter sido um dito comum em Nazaré. Aplicava-se, a princípio, a médicos atacados de enfermidades físicas, os quais tratavam de curá-las a outros. Jesus compreendeu que seus antigos conhecidos da cidade de Nazaré, motivados pela incredulidade, empregariam essas palavras contra ele, se não realizasse em Nazaré milagres tão maravilhosos como os que havia efetuado em Cafarnaum. No entanto, o Mestre se antecipou respondendo aos pensamentos daquelas pessoas, com outro provérbio: "Nenhum profeta é bem recebido em sua própria terra.".

Outro exemplo pode ser visto em 2 Pedro 2.22: "o cão voltou ao seu próprio vômito; e a porca lavada voltou a revolver-se no lamaçal". Certamente, o Apóstolo Pedro enfrentando os mestres apóstatas e reincidentes, que abjuravam da fé e semeavam a ruína naquela época, emprega dois fatos, que todos deviam ter observado, condensados num provérbio.

3.1.3- Cuidados Quanto à Interpretação dos Provérbios

Falando do ponto de vista interpretativo, é importante o leitor saber que os provérbios não devem ser estendidos para além do seu sentido específico, intencionado pelo escritor. A falta de cuidado com a forma de ser objetiva e direta dos provérbios, inevitavelmente leva o intérprete a aplicá-los inadequadamente.

Um exemplo de como os escritores imaginavam um ponto específico no uso desse recurso de linguagem pode ser visto em Provérbios 31.14, onde vemos que o rei Lemuel comparou a mulher como um "navio mercante". Obviamente ele não se referia aos aspectos físicos, e sim porque, a semelhança do navio mercante, a mulher vai a vários lugares em busca de alimento para as necessidades da família. Portanto, normalmente, os provérbios visam transmitir um único pensamento ou comparação que o autor tinha em mente (Virkler, 1998, loc.cit.).

Outro detalhe que o intérprete da Bíblia Sagrada deve observar é que muitos dos provérbios contidos nas Escrituras estão baseados em fatos e costumes que se perderam ao longo do tempo. É importante enfatizar que os provérbios podem ser símiles, metáforas, parábolas ou alegorias, e para uma melhor compreensão, é bom determinar a que classe pertence o provérbio a ser interpretado.

O leitor atento perceberá que figuras diferentes podem combinar-se para formar um provérbio. Por exemplo, em Prov. 1:20-33, a sabedoria é personificada e se apresenta na forma de uma parábola com sua aplicação, e também em Eclesiastes 9:13-18. Enfatizamos que é necessário que o intérprete da Bíblia estude o contexto, isto é, os versículos que precedem ao texto e os seguem, os quais podem ser a chave da interpretação, como sucede nos casos acima mencionados.

3.2- As Parábolas e sua Aplicação na Bíblia Sagrada

O termo parábola significa basicamente "colocar ao lado de". Trata-se de uma relação paralela de elementos que possibilitam uma comparação. A parábola indica o método figurativo de linguagem, em que uma verdade moral ou espiritual é ilustrada por analogia com a experiência comum.

Com relação a outras figuras de linguagem, as parábolas, de certo modo, por serem uma comparação, podem ser vistas como símile ampliada, no entanto, toda símile não é necessariamente uma parábola. Isso porque a parábola se limita ao real e não vai além dos limites da possibilidade ou daquilo que pode acontecer.

Outro aspecto que merece destaque é o fato da parábola manter distintos os dois elementos da comparação e não atribuir as qualidades e relações de um ao outro. No exercício de interpretar as parábolas, o intérprete nem sempre encontrará explicitamente a sua interpretação na própria narração. Nesse sentido, a parábola difere-se da alegoria, que geralmente contém em si mesma a interpretação.

3.2.1- A Finalidade das Parábolas

Jesus, o Mestre por excelência, usou parábolas frequentemente enquanto ensinava. A palavra parábola aparece quase 50 vezes nos Evangelhos em conexão com o ministério de Cristo, dando a entender que essa era um das formas de transmitir verdades espirituais. O Mestre tinha dois propósitos ao usar as parábolas, a saber, revelar os mistérios do reino de Deus a seus discípulos e ocultá-los daqueles que não percebiam a realidade do mundo espiritual.

"As parábolas podem deixar uma impressão duradoura e serem de certa forma, mais efetivas do que um discurso comum. Por exemplo, Cristo poderia ter dito: "Vocês devem ser persistentes em suas vidas de oração". Ao invés disso, ele falou de uma viúva que continuou rogando a um juiz injusto que a ajudasse, até que o juiz, por fim resolver atender aos seus pedidos e fazê-la parar com as suas queixas". (Virkler, op.cit. p. 144). Jesus ensinou a lição: se um juiz que pouco se importa com a causa de uma pobre viúva pode ser levado a agir mediante a persistente busca por justiça, quanto mais Deus, o Pai amoroso, responderá ao clamor dos justos que oram incessantemente.

No que tange a "revelação de verdades, as parábolas são também utilizadas com eficácia nas Escrituras para confrontar pessoas nos seus erros. Consideremos o caso de Davi e Natã conforme narrado em 2 Samuel 12.1-7. Davi, homem de princípios morais, percebeu facilmente o grande erro cometido contra o pobre homem da história da parábola; quando foi aplicada ao seu próprio comportamento, ele se arrependeu prontamente do seu erro". Virkler (op.cit., p.126; 127).

3.2.2- Métodos de Interpretar uma Parábola

É comum os leitores da Bíblia imaginarem uma certa facilidade na interpretação das parábolas. Embora esses textos evoquem encanto e simplicidade, os mesmos têm sofrido diversas interpretações errôneas na igreja.

O cuidado básico que o intérprete deve tomar ao ler as parábolas é não confundir com uma alegoria. Diversas vezes, Jesus se utilizou dessa figura de linguagem para transmitir verdades essenciais. Enquanto uma verdadeira alegoria contém em cada elemento um significado diferente da própria história, a parábola, em muitos casos, intencionava apenas uma lição específica.

O leitor das Escrituras, na tarefa de interpretar as parábolas, deve atentar para algumas observações. A primeira e mais importante é que o propósito da parábola precisa estar bem claro na mente do intérprete. Para isso, é necessário que se busque saber a ocasião em que a parábola foi proferida. Por exemplo, em Mateus 20, vemos a parábola dos trabalhadores na vinha, porém, no capítulo 19 e v 27 do mesmo livro, percebemos a sua ocasião.

Outro meio de se perceber o propósito da parábola é observar cuidadosamente a sua introdução, como vemos em Lucas 18.1, acerca do juiz iníquo, e também a sua conclusão, como pode ser percebida em Lucas 12.21, sobre o rico insensato. Além dessas formas de se perceber o propósito de uma parábola, o leitor deve sempre utilizar a terceira regra formal da hermenêutica, ou seja, consultar o contexto da passagem bíblica. Em alguns casos, as parábolas eram iniciadas por meio de uma pergunta e nos textos que precedem podem estar o motivo pelo qual Cristo citou a parábola.

Um exemplo encontra-se em Lucas 10.30-36. Agostinho, um dos Pais da Igreja, propôs a seguinte interpretação. *Certo homem descia para Jericó* – Adão; *Jerusalém* – a cidade celestial da paz, da qual Adão caiu; *Jericó* – a mortalidade de Adão; *salteadores* – o diabo e os seus anjos; *roubaram-lhe* – a saber: a sua imortalidade; *causaram-lhe sofrimento* – ao persuadi-lo a pecar; *deixando-o semimorto* – como homem, vive, mas morreu espiritualmente; *o sacerdote e o levita* – o sacerdócio do Antigo Testamento; *O samaritano* – o próprio Cristo; *atou-lhe os ferimentos* – significa restringir o constrangimento ao pecado; *óleo* – o consolo da boa esperança; *vinho* – exortação para trabalhar com um espírito fervoroso; *animal* – a carne da encarnação de Cristo; *hospedaria* – a igreja; *dia seguinte* – depois da ressurreição; *dois denários* – a promessa desta vida e a do porvir; *hospedeiro* – Paulo.

Embora pareça interessante a interpretação de Agostinho, não era exatamente isso que Jesus queria dizer. O contexto deixa muito claro que a parábola do Bom Samaritano buscava responder à seguinte pergunta: "quem é o meu próximo?". A compreensão imediata do auditório acerca das palavras de Jesus explica exatamente o seu verdadeiro objetivo na citação dessa parábola.

Após descobrir o real objetivo da parábola, o intérprete deve atentar para a sua representação figurativa. É importante enfatizar que não se pode atribuir significações especiais a todos os pormenores das parábolas, como se cada detalhe descrito contivesse uma verdade oculta. O intérprete deve fazer cuidadosa discriminação. Se não conseguir isso, pode ser levado a interpretações fantasiosas e arbitrárias.

Questão para Reflexão

Aprendemos, neste capítulo, certos cuidados necessários para a interpretação correta dos Provérbios e Parábolas nas Escrituras. Com base no que foi estudado, quais os erros mais comuns observados nos nossos dias quanto à interpretação dessas figuras de linguagem?

Capítulo 4

As Figuras de Retórica na Linguagem Bíblica

A Bíblia Sagrada contém as verdades eternas de Deus. Sua escrita é diversificada. Um detalhe inegável é a beleza com que os escritores sagrados transmitiram valores fundamentais para a vida do homem. O uso da linguagem figurativa descreve cenários iguais à beleza do quadro de um pintor.

Dentre as diversas formas de comunicar a Revelação de Deus, os escritores utilizaram as figuras de retórica. Trata-se de figuras de linguagem que dão expressão, intensidade, beleza ou significados às palavras.

Vejamos algumas figuras de retórica e sua aplicação nas Escrituras Sagradas.

4.1- Metáfora

Essa figura indica alguma semelhança entre dois objetos, que possuem alguns dos mesmos elementos sejam eles coisas reais, elementos simbólicos ou tipos. Diferente da analogia, a metáfora é declarada de forma direta, possibilitando ao leitor perceber a relação dos dois elementos. Observemos o texto em Salmos 18.2: "*O SENHOR é o meu rochedo, e o meu lugar forte, e o meu libertador; o meu Deus, a minha fortaleza, em quem confio; o meu escudo, a força da minha salvação, e o meu alto refúgio*". Somente nesse versículo encontramos seis metáforas.

Os Evangelhos mencionam várias metáforas relacionadas a Jesus e aos seus discípulos. Por exemplo: Jesus é a água da vida (Jo 4); Jesus é o pão da vida (Jo 6); Jesus é videira verdadeira (Jo 15); Jesus é o bom pastor (Jo 10). Os seus discípulos são a luz do mundo e o sal da terra (Mt 5.13-14); os ramos da videira (Jo 15.1); o edifício de Deus (1 Co 3.9); a lavoura de Deus (1 co 3.9); o rebanho do pastor (Jo 10.14).

É importante o leitor saber que há dois tipos de metáforas na Bíblia que se referem ao Ser Divino e merece atenção especial. Primeiro é o Antropopatismo. Essa metáfora atribui a Deus emoções e desejos humanos. Um exemplo está em Gênesis 6.6: *"Então arrependeu-se o SENHOR de haver feito o homem sobre a terra e pesou-lhe em seu coração"*. A palavra "arrependimento" não condiz com o ser de Deus. Na realidade, o escritor, a fim de tentar descrever a reação de Deus ao pecado, utilizou-se dessa figura de linguagem, ao atribuir sentimento humano ao Todo-Poderoso. O segundo tipo de metáfora é o Antropomorfismo. Trata-se de atribuir membros corporais e atividades físicas a Deus. Vejamos em Isaías 59.1 as seguintes palavras: *"Eis que a mão do Senhor não está encolhida, para que não possa salvar; nem agravado o seu ouvido para não poder ouvir"*. Sabemos que Deus é Espírito. No entanto, essa figura de linguagem tenta descrever as suas ações na relação com o homem.

Quando os escritores bíblicos empregaram metáforas, tinham em geral algum ponto específico em mente. Mesmo que o intérprete seja capaz de descobrir outros pontos, deve-se limitar aos que fazem parte da intenção do escritor. Em Romanos 8.17, Paulo afirma: *"E se filhos, também herdeiros; herdeiros de Deus e co-herdeiros com Cristo"*. É perfeitamente claro que o Apóstolo se refere às bênçãos que os crentes recebem com Cristo do seu Pai comum. No entanto, a metáfora contida na palavra herdeiro poderia ser forçada demais se quiséssemos que ela significasse a morte do Pai como testador.

4.2- Símiles

Essa figura de retórica chamada símile é a que estabelece uma semelhança ou comparação entre dois elementos de forma clara. Trata-se de uma das figuras mais usadas na Bíblia. Jesus utilizou-a frequentemente nos seus ensinos. Vejamos o exemplo em Mateus 7.24,26: *"Todo aquele, pois, que escuta estas minhas palavras, e as pratica, assemelhá-lo-ei ao homem prudente, que edificou a sua casa sobre a rocha; E aquele que ouve estas minhas palavras, e não as cumpre, compará-lo-ei ao homem insensato, que edificou a sua casa sobre a areia;"*. Outros exemplos podem ser visto em Mt 10.16; Mc 13.28; Lc 10.32; Jo 3.8; 5.21; 20.21; etc.

Quando o leitor encontrar numa passagem bíblica termos como assim, semelhantemente, como, de modo que, tal qual, de maneira que, e esses termos estabelecerem uma comparação, os mesmos devem ser classificados como símiles. Outros exemplos de símiles do Antigo Testamento podem ser vistos em Sl 1.3-4; 5.12; 103.11-15; 125.1-2; Is 1.18; Jr 18.6; Ez 3.3; Dn 7.4-6; etc.

O intérprete deve sempre atentar para o sentido claro da símile e o ponto de destaque na comparação. Geralmente os escritores tinham em mente um objetivo específico ao estabelecer uma relação entre dois elementos. Uma passagem como Apocalipse 16.15, *"Eis que venho como ladrão"*, mostra o cuidado que o intérprete deve ter ao lidar com passagens que contêm símiles.

3.3- Metonímias

Essa figura baseia-se mais numa relação do que numa semelhança. Indica relações como causa e efeito, progenitor e posteridade, sujeito e atributo, símbolo e realidade simbolizada. Um exemplo pode ser visto em Lucas 16.29, em que Jesus se vale dessa figura empregando a causa pelo efeito ao dizer: "Eles têm Moisés e os profetas; ouçam-nos", em lugar de dizer que têm os escritos de Moisés e dos profetas, ou seja, o Antigo Testamento.

A metonímia também emprega o sinal ou símbolo pela realidade que indica o sinal. Um exemplo pode ser visto nas palavras de Jesus quando disse a Pedro: "Se eu não te lavar, não tens parte comigo". (João 13:8). Aqui Jesus emprega o sinal de lavar os pés pela realidade de purificar a alma, porque faz saber ele mesmo que o ter parte com ele não depende da lavagem dos pés, mas da purificação da alma.

Do mesmo modo, João faz uso dessa figura pondo o sinal pela realidade que indica o sinal, ao dizer: "O sangue de Jesus, seu Filho, nos purifica de todo pecado" (1 João 1:7.). É evidente que aqui a palavra sangue indica toda a paixão e morte expiatória de Jesus, a única coisa capaz de limpar o homem da mancha do pecado.

4.4- Alegoria

A alegoria pode ser entendida como uma metáfora ampliada. É importante o intérprete nunca confundi-la com parábola. Enquanto a parábola possui um foco e os detalhes são significativos ao passo que se relacionam com esse foco, a alegoria geralmente tem diversos pontos de comparação, não concentrados em torno de um foco apenas.

Na Bíblia, encontramos várias alegorias. Em Salmos 80.8-16, vemos a alegoria de Israel como uma vinha. Nessa passagem bíblica, podemos ver os diversos pontos de comparação entre a nação de Israel e a vinha. O salmista enfatiza figuradamente a saída do Egito, a entrada na terra de Canaã, o estabelecimento do povo como uma nação forte. No entanto, em virtude do envolvimento com os povos pagãos, Deus permitiu que os seus inimigos a destruíssem. Nessa alegoria, o salmista pede socorro a Deus em favor de Israel. Outras passagens de alegorias podem ser vistas em Jo 6.51-65; Jo 10.1-18; Jo 15; etc.

4.5- Paradoxo

A palavra paradoxo é formada de duas palavras gregas, para – contra e doxa – crença. Essa figura de linguagem refere-se a declarações e proposições opostas à opinião comum; uma aparente contradição de palavras. Porém, se estudada cuidadosamente, torna-se correta e bem fundamentada.

Jesus, por diversas vezes, utilizou esse recurso de linguagem com o objetivo de chamar a atenção dos seus ouvintes para as suas palavras. Por exemplo, em Mateus 16.25, vemos as seguintes palavras: *"Porque aquele que quiser salvar a sua vida perdê-la-á, e quem quiser perder a sua vida por amor de mim achá-la-á"*. Mediante esse paradoxo extraordinário, o Senhor faz com que seus seguidores compreendam o valor da alma, e a perda terrível que experimentam aqueles que morrem sem esperança. Ao mesmo tempo, o Mestre ensina que a melhor maneira de empregar a vida é servindo a Deus. As páginas da história missionária estão cheias de exemplos que ilustram o grande princípio que o Senhor Jesus enunciou nesse paradoxo.

Veja na tabela a seguir outras figuras de retórica e suas definições, como também passagens bíblicas que as exemplificam.

Figura	Definição	Texto Bíblico
Sinédoque	Esta figura é usada quando se toma a parte pelo todo ou o todo pela parte, o plural pelo singular, o gênero pela espécie, ou vice-versa.	At 24.25
Prosopopeia	Esta figura é usada quando se personificam as coisas inanimadas, atribuindo-lhes os feitos e ações das pessoas.	Is 55.12
Ironia	Esta figura é usada quando se expressa o contrário do que se quer dizer, porém sempre de tal modo que se faz ressaltar o sentido verdadeiro.	1 Rs 18.27
Hipérbole	Esta é a figura pela qual se representa uma coisa como muito maior ou menor do que em realidade é, para apresentá-la viva à imaginação.	Jo 21.25
Fábula	Esta é uma figura pouco usada na Escritura, na qual um fato ou alguma circunstância se expõe em forma de narração mediante a personificação de coisas ou de animais.	2 Rs 14.9
Interrogação	Esta é uma figura usada quando a pergunta encerra com uma conclusão evidente.	Hb 1.14
Apóstrofe	Esta é uma figura usada quando a pessoa que fala se dirige a uma pessoa ou coisa ausente, ou mesmo imaginária.	2 Sm 18.33
Antítese	Esta é uma figura usada quando o escritor intenciona estabelecer o contraste de um pensamento com o outro. O mau e o falso servem de contraste ao bom e verdadeiro.	Dt 30.15
Gradação	Esta é uma figura que aponta para uma escala gradativa conduzindo o pensamento a um clímax.	Rm 8.31-39

Questão para Reflexão

Observamos, neste capítulo, que a Bíblia está repleta de figuras de retórica. O conhecimento de tais figuras é indispensável para uma correta interpretação dos textos bíblicos que as apresentam. Como poderemos transmitir tais informações a todos os leitores da Bíblia, a fim de que tenham o auxílio desses recursos?

Conclusão

Neste estudo, vimos a importância da hermenêutica para a compreensão dos textos bíblicos. Embora alguns ignorem essa ciência, o intérprete consciente sabe que ao ler as Escrituras está lidando com a Palavra de Deus escrita, por isso deve tomar muito cuidado. Por causa do descaso de vários cristãos, têm surgido constantemente seitas heréticas e falsos mestres que distorcem o texto sagrado e enganam muitas pessoas.

A hermenêutica devidamente compreendida tornará o intérprete responsável quanto ao uso da Bíblia Sagrada. Desde os primeiros contatos de Deus com o seu povo, vemos claramente advertências para que sua Palavra seja transmitida fielmente às pessoas. Embora em determinados períodos da história, a verdadeira interpretação das Sagradas Escrituras tenha se tornado escassa, Deus sempre levantou pessoas para promover reformas e reavivar o interesse pela hermenêutica legítima.

Aprendemos que o desafio de interpretar as Escrituras corretamente se depara com um abismo temporal, geográfico, cultural, linguístico e literário. Com isso, o leitor deve sempre recorrer ao auxílio das regras de interpretação para extrair o sentido do texto mais aproximado da intenção do seu escritor.

O interesse pela hermenêutica é próprio daqueles que são comprometidos com o verdadeiro ensino da Bíblia Sagrada e compreendem a responsabilidade de transmitir fielmente aquilo que o texto afirma. É importante lembrar que ao passo que a verdadeira interpretação da Palavra de Deus gera vida e esperança, a falsa interpretação gera morte espiritual e engano que pode determinar a eternidade sem Deus.

Exercícios

UNIDADE I – FUNDAMENTOS DA HERMENÊUTICA BÍBLICA

Capítulo 1
O Valor e a Necessidade da Hermenêutica Bíblica

Coloque (V) para verdadeiro e (F) para falso.
( ) O Estudo da Hermenêutica se faz necessário nos dias atuais em virtude das múltiplas interpretações das Escrituras, muitas vezes feitas à vontade e de propósito por falsos mestres que distorcem os textos sagrados para a sua própria conveniência.
( ) Com relação à lacuna de tempo entre o leitor nos dias atuais e o período em que a Bíblia foi escrita, podemos afirmar que não houve nenhuma mudança, e isso não é um desafio para o intérprete.
( ) Sobre a distância geográfica entre o Ocidente e o Mundo Bíblico, é certo afirmar que a interpretação correta da Bíblia exige uma atenção ao espaço geográfico entre o leitor e as terras bíblicas.
( ) Quando falamos do abismo cultural entre o intérprete da Bíblia no contexto atual e os escritores que viveram há milhares de anos, podemos enfatizar que essa distância não dificulta o entendimento dos textos sagrados.

( ) A distância linguística que separa o leitor das Escrituras dos textos originais é um fator insignificante que não deve ser levado em conta.

( ) Com relação à lacuna que difere o modo de escrita dos tempos bíblicos do modo de escrita do mundo ocidental moderno, é indispensável o leitor atentar para a forma de expressão dos antigos orientais, pois eles comumente se utilizavam da linguagem figurada como provérbios e parábolas.

Capítulo 2
A Interpretação das Escrituras pelos Judeus

Assinale com (X) a alternativa correta:
Quando falamos dos primeiros ouvintes e leitores das Escrituras Sagradas, podemos afirmar que:
( ) Não havia interesse na Lei do Senhor, cada indivíduo fazia o que parecia reto aos seus olhos.
( ) A Bíblia Sagrada já estava escrita com os 66 livros.
( ) A transmissão dos valores ético-morais, os princípios extraídos das festas e memoriais, inicialmente era feita por meio da tradição oral.

O resgate da correta interpretação das Escrituras nos dias de Esdras se deu:
( ) Quando o povo de Israel entrou na terra de Canaã conduzido por Josué.
( ) Quando o povo retornou do Cativeiro Babilônico.
( ) Quando os romanos invadiram Jerusalém.

Esse modo de interpretação das Escrituras pertencia aos judeus alexandrinos:
( ) Seus componentes acreditavam na Inspiração até mesmo das letras. Seus copistas habitualmente contavam cada letra a fim de evitar erros na transcrição.
( ) Atribuía um poder sobrenatural ao número de letras das palavras. Esse grupo de judeus que representa formas antigas do misticismo judaico consistia de doutrina empírica; com o tempo, devido à influência neoplatônica, o movimento ganhou um caráter especulativo.
( ) Foram influenciados pelos gregos e prontamente adotaram a alegorização ao Antigo Testamento.

Capítulo 3
A Interpretação das Escrituras no Novo Testamento

Associe a segunda coluna de acordo com a primeira.

1- O ministério sacerdotal
2- Expectativa Messiânica
3- Templo
4- Paulo e o Antigo Testamento
5- Hebreus e o Antigo Testamento
6- Os Apóstolos e o Antigo Testamento

( ) Monumento que causava admiração a todos.
( ) Deus escolheu a casa de Arão para exercer essa função.
( ) Fariseu que estudou aos pés de Gamaliel e conhecia a teologia judaica.
( ) Fez menção do Sumo Sacerdote Melquisedeque.
( ) Falou de Cristo como herdeiro do Trono Davídico.
( ) Judeus sectários aguardavam ansiosos a sua indicação para empreender uma guerra de emancipação.

Capítulo 4
A Hermenêutica Bíblica na História da Igreja – Da Patrística à Reforma

Identifique o período, colocando (A) para Patrística, (B) para Idade Média e (C) para Reforma.

( ) Em virtude de muitos clérigos viverem em profunda ignorância da Bíblia, um misticismo exagerado, esse período foi escasso no tocante à interpretação bíblica.
( ) No fim do segundo século, a hermenêutica bíblica foi influenciada especialmente pela escola catequética de Alexandria.
( ) A hermenêutica foi amarrada pela tradição, e o que se destacava era o método alegórico. O sentido quádruplo da Escritura pensado por Agostinho era a norma para a interpretação bíblica.
( ) Os reformadores acreditavam que a Bíblia era a inspirada Palavra de Deus. Com isso, consideravam as Escrituras como autoridade final em todas as questões teológicas.
( ) Percebendo o crescente abandono do sentido literal das Escrituras por parte dos pais alexandrinos, vários líderes da igreja em Antioquia da Síria enfatizaram a interpretação histórico-gramatical.

( ) Com relação aos métodos de interpretação, Calvino rejeitou as interpretações alegóricas, chamando de "jogos fúteis".
( ) Além das duas famosas escolas da Alexandria e Antioquia, apareceu no Ocidente um tipo intermediário de exegese. Esta acolheu alguns elementos da escola alegórica de Alexandria, mas também reconheceu os princípios da escola Síria.
( ) Tomás de Aquino foi o teólogo mais famoso da Igreja Católica nesse período. Ele acreditava que o sentido literal das Escrituras era fundamental, mas que outros sentidos apoiavam-se sobre este.

Capítulo 5
A Hermenêutica Bíblica na História da Igreja – Da Pós-Reforma aos Dias Atuais

Associe a segunda coluna de acordo com a primeira.

1- Pietismo
2- Racionalismo
3- Fundamentalismo
4- Confessionalismo
5- O liberalismo teológico
6- Os Neo-ortodoxos

( ) Alguns teólogos e líderes conservadores reagiram fortemente aos resultados do liberalismo teológico.
( ) Nesse momento, aplicou-se à Bíblia o naturalismo.
( ) Posição filosófica que aceita a razão como única autoridade que determina o que é verdadeiro e falso.
( ) Romperam com a opinião liberal de que as Escrituras é somente um produto do aprofundamento da consciência religiosa.
( ) A exegese se tornou serva da dogmática e se degenerou em mera busca de textos-provas.
( ) Defendiam o estudo da Bíblia nas línguas originais, sob a influência e iluminação do Espírito Santo.

UNIDADE II – A HERMENÊUTICA E OS ESTILOS LITERÁRIOS DA BÍBLIA

Capítulo 1
Questões Hermenêuticas da Lei do Antigo Testamento

Assinale com (X) a alternativa correta:
Sobre o cristão e a interpretação da Lei do Antigo Testamento:
( ) O cristianismo validou toda Escritura do Velho Testamento como divinamente inspirada por Deus.
( ) Os cristão rejeitaram os escritos da Velha Aliança, por isso não encontramos citação de textos do Antigo Testamento no Novo Testamento.
( ) O cristianismo validou as práticas do judaísmo como necessárias à Salvação.

Sobre as leis incomuns aos nossos dias:
( ) A questão dos alimentos proibidos no Antigo Testamento foi enfatizada pelos Apóstolos, mostrando que devemos seguir os mesmos preceitos transmitidos aos israelitas.
( ) Os métodos utilizados no sacrifício da Antiga Aliança tinham aquele contexto específico e apontavam para uma realidade futura e perfeita.
( ) A Israel era permitido por Deus praticar os mesmos ritos dos cananeus, enfatizando, com isso, que hoje podem ser perfeitamente utilizados pelos cristãos.

Capítulo 2
A Hermenêutica das Narrativas do Antigo Testamento
Assinale (V) para verdadeiro e (F) para falso.
( ) É importante lembrar que a Bíblia Sagrada lida com "estórias" e contos improváveis. Nem todas as narrações nela contidas foram situações reais.
( ) A credibilidade das narrativas bíblicas é corroborada pelos registros históricos de outros autores, achados arqueológicos, e também pela idoneidade dos seus escritores.
( ) As histórias bíblicas não são fatos isolados, independentes uns dos outros.

( ) A Bíblia é um livro judaico-cristão que diz respeito exclusivamente aos judeus e cristãos, seu conteúdo deixa claro que sua mensagem não tem relevância universal.
( ) As narrativas bíblicas apontam o caminho pavimentado por Deus para a chegada do Salvador do Mundo.
( ) No plano superior, Deus escolheu Israel para ser a nação da qual o Salvador descenderia.
( ) As narrativas respondem a todas as nossas perguntas acerca de uma determinada questão.

Capítulo 3
A Hermenêutica da Literatura Poética e dos Profetas

Identifique os estilos literários, assinalando (A) para os Poéticos e (B) para os Profetas.
( ) Esses livros compõem a maioria entre as categorias existentes na Bíblia Sagrada.
( ) Muitos cristãos leem esses textos atentando sempre para os fins dos tempos.
( ) A composição se dava por meio de um ritmo, chamado métrica, e de uma estrutura, chamada paralelismo. Deus falou ao seu povo através desse estilo literário, numa época em que ler e escrever eram habilidades raras.
( ) Os dezesseis livros proféticos do Antigo Testamento provêm de um período relativamente pequeno, relacionado ao panorama inteiro da história de Israel, cerca de 760-460 a.C.
( ) Nesses escritos, o intérprete da Bíblia deve atentar para o uso comum de metáforas e buscar sua verdadeira intenção.
( ) Uma incapacidade de apreciar a linguagem simbólica e de traduzir as noções mais abstratas dessa literatura pode levar a pessoa a aplicar erroneamente quase a totalidade dela.
( ) Comumente Deus é retratado nesse livros de modo imaginativo como sendo um juiz num processo jurídico contra o réu, Israel.

Capítulo 4
Interpretando os Evangelhos

Assinale com (X) a alternativa correta.
Sobre as características dos Evangelhos:
( ) O Evangelho de João tem como principal característica mostrar por meio da vida e ministério de Cristo ser ele o Messias, herdeiro do trono de Davi.
( ) O Evangelho de Marcos, provavelmente o primeiro a ser escrito, teve como ênfase apresentar Cristo como o "Servo", a fim de encorajar os irmãos romanos em meio às perseguições.
( ) Mateus, em seu livro, procurou apresentar Cristo como o "Homem perfeito". Seus leitores eram predominantemente gregos.
( ) Lucas teve como propósito apresentar Cristo como o "Filho de Deus". Por isso, é, sem dúvida, o mais teológico de todos os Evangelhos.

Quando estudamos paralelamente os Evangelhos, podemos observar que:
( ) Não existe nenhuma relação entre os quatro Evangelhos.
( ) Quando o intérprete estabelece uma relação entre os Evangelhos, é impossível acreditar que foram obras escritas independentes umas das outras.
( ) Os evangelistas escreveram seus livros independentes um de outro.

Falando das narrativas nos Evangelhos:
( ) As histórias dos milagres são registradas para oferecer lições de moral e para servir de precedentes.
( ) As histórias dos milagres funcionam nos Evangelhos como ilustrações vitais do poder de Cristo instaurando o Reino.
( ) Ao lermos a história do jovem rico, aprendemos que o seguidor de Cristo deve vender todas as suas posses.

Capítulo 5
A Hermenêutica das Epístolas
Assinale (V) para verdadeiro e (F) para falso.
( ) Mesmo sendo inspiradas pelo Espírito Santo e, portanto, pertencentes a todos os tempos, as Epístolas foram originalmente escritas no contexto do autor para o contexto dos destinatários originais.

( ) É importante salientar que a partir da compreensão do propósito da carta e do perfil dos primeiros leitores, o intérprete tem ferramentas para começar a se aprofundar no texto.
( ) Embora as Epístolas tenham sido escritas no primeiro século, sua correta interpretação não depende da compreensão do seu sentido histórico.
( ) As Epístolas foram orientações para a igreja da Era Apostólica, portanto sua mensagem não tem relevância para os nossos dias.
( ) Alguns ensinos das Epístolas não estão condicionados aos primeiros séculos da igreja, como, por exemplo, aquilo que é âmago central da Bíblia e passagens que o escritor considera inerentemente moral.

UNIDADE III - SEGUINDO REGRAS NA INTERPRETAÇÃO BÍBLICA

Capítulo 1
A Responsabilidade do Intérprete das Escrituras

Assinale com (X) a alternativa correta.
Sobre o auxílio do Espírito Santo ao intérprete da Bíblia, é certo afirmar que:
( ) A Bíblia é um livro comum, portanto sua interpretação depende apenas de bom senso.
( ) Embora a Bíblia seja uma composição de livros que têm narrativas, poesias, cartas, todos os estilos literários de uso comum na antiguidade, não podemos esquecer que é o próprio Deus quem inspirou as suas palavras.
( ) A Bíblia foi escrita por autores humanos e não teve a inspiração do Espírito Santo.

Com relação aos cuidados necessários quanto à interpretação das Escrituras:
( ) No estudo das Escrituras Sagradas, devemos ter o cuidado de não aceitarmos tudo que lemos e ouvimos ingenuamente sem avaliar o conteúdo e a fonte.
( ) A correta interpretação das Escrituras não é algo com que o leitor deve se preocupar.

( ) A Bíblia Sagrada não precisa, necessariamente, ser o critério pelo qual julgamos o que é certo e errado.

Falando do intérprete e da exposição das Sagradas Escrituras:
( ) É importante enfatizar que as Escrituras, em geral, não são de fácil compreensão.
( ) Na ministração de estudos, o intérprete deve partir de textos obscuros, afinal não há dificuldade em compreendê-los.
( ) Não podemos negar que existem trechos bíblicos que são mais difíceis de entender, no entanto, quando aplicamos as regras fundamentais da hermenêutica, teremos uma valiosa ajuda na reta interpretação das partes mais obscuras.

Capítulo 2
Fatores Determinantes Sobre a Interpretação Bíblica

Coloque (V) para verdadeiro e (F) para falso.
( ) A aplicação secundária trata do significado histórico dos textos Sagrados e se restringe ao momento da história em que o escritor escreveu o texto.
( ) Quando lemos Apocalipse, somos levados a pensar no texto somente sob o ponto de vista profético, no entanto os capítulos iniciais do livro mostram claramente que foram cartas de Jesus Cristo por meio de João às igrejas da Ásia.
( ) A aplicação secundária refere-se a todos os períodos da história desde quando as Escrituras foram escritas.
( ) O intérprete das Escrituras Sagradas deve ter em mente que todo o seu conteúdo quanto aos ensinos morais, sociais e espirituais não tem aplicação para hoje.
( ) As Escrituras não contêm apenas uma aplicação primária, que é o sentido histórico do texto, uma aplicação secundária, que trata do significa prático do texto para a vida atual, mas também uma aplicação profética que se refere à realidade futura.
( ) Em toda a interpretação das Escrituras, seja para a sua própria aplicação pessoal, ou para pregar e ensinar, é um dever do intérprete apresentar os ensinos da Bíblia na sua integridade e verdade, não distorcendo, ou ajustando ao pensamento pessoal.

Capítulo 3
A Primeira e a Segunda Regra Formal da Hermenêutica e sua Aplicação

Marque com (X) a alternativa correta.
Quanto ao uso da primeira regra formal da hermenêutica:
( ) O uso da primeira regra formal leva em consideração que a maioria dos escritores da Bíblia escreveu para pessoas simples, que tinham atividades comuns diariamente.
( ) No livro de Ezequiel 3.1, vemos Deus ordenando ao profeta "comer o rolo de um livro". Se tomarmos no sentido literal, iremos interpretar corretamente essa passagem bíblica.
( ) Podemos observar que a primeira regra formal não elucida os textos, desse modo pode ser usada aleatoriamente.

Quanto ao uso da segunda regra formal da hermenêutica:
( ) A segunda regra formal da hermenêutica se define de tal forma: *"Sempre se deve tomar as palavras bíblicas no sentido comum ou popular"*.
( ) A segunda regra deve ser apenas uma opção, se necessário. Ou seja, quando o intérprete encontrar os termos enfáticos no texto, se possível, deve atentar para o conjunto da frase e perceber o verdadeiro sentido das palavras-chave.
( ) A segunda regra não deve ser apenas uma opção, se necessário. Pelo contrário, quando o intérprete encontrar os termos enfáticos no texto deve imediatamente atentar para o conjunto da frase e perceber o verdadeiro sentido das palavras-chave.

Capítulo 4
A Terceira e a Quarta Regra Formal da Hermenêutica e sua Aplicação

Marque com (X) a alternativa correta.
Quanto ao uso da terceira regra formal:
( ) A terceira regra se define da seguinte forma: *"Sempre se deve consultar as passagens paralelas"*.
( ) No Novo Testamento, há livros como as Epístolas do Apóstolo Paulo, cujas mensagens e ensinos doutrinários serão mais bem entendidos se o intérprete separá-los em capítulos e versículos.
( ) A terceira regra se define da seguinte forma: *"Sempre se deve consultar*

o contexto, isto é, os versículos ou capítulos que precedem e seguem o trecho em questão".

Quanto ao uso da quarta regra formal:
( ) A quarta regra formal da hermenêutica se define da seguinte forma: *"Sempre levar em consideração o desígnio ou objetivo de livros ou passagens bíblicas que apresentam expressões ou ensinamentos obscuros de difícil entendimento".*
( ) Quando uma declaração, ou um ensino, na Bíblia Sagrada apresenta uma certa dificuldade na compreensão, é possível encontrar sua interpretação considerando o objetivo geral e a finalidade daquele livro ou texto.
( ) A melhor forma de conhecer o objetivo de um livro bíblico é estudando atenciosamente, procurando a todo momento as palavras que devem ser tomadas no sentido comum.

Capítulo 5
A Quinta Regra Formal sua Aplicação

Coloque (V) para verdadeiro e (F) para falso.
( ) A quinta regra formal é simples, direta e se define da seguinte forma: *"Sempre se deve consultar passagens paralelas".*
( ) A quinta regra formal se divide em duas: paralelas de palavras e paralelas de ensinos gerais.
( ) Nas Escrituras, existem palavras e frases que apresentam certa dificuldade de compreensão. Ao se deparar com esses textos, é necessário que o intérprete procure a interpretação na própria Bíblia, consultando outros textos que contêm declaração ou palavras semelhantes.
( ) Existem algumas palavras na Bíblia que, por motivo de tradução, não têm o mesmo significado quando utilizadas em vários textos.
( ) O leitor não deve atentar para os textos que contêm o mesmo assunto, pois, com isso, algumas passagens bíblicas podem se tornar obscuras.
( ) Apesar de o leitor, a fim de compreender o real sentido do texto, usar textos paralelos de palavras e ensinos, em determinadas passagens bíblicas, uma interpretação clara das Escrituras exigirá consultar o ensino geral de toda a Bíblia sobre o assunto.
( ) O leitor da Bíblia deve ficar atento, pois nem todas as doutrinas fundamentais da Fé Cristã são claramente ensinadas nas Escrituras.

UNIDADE IV – A LINGUAGEM BÍBLICA E AS FIGURAS DE RETÓRICA

Capítulos 1
Importantes Observações Sobre a Linguagem Bíblica

Assinale com um (X) a alternativa correta.
Quando falamos do sentido das palavras na Bíblia Sagrada, devemos lembrar que:
( ) Infelizmente as regras não ajudam o leitor a saber em que sentido as palavras e versículos bíblicos devem ser tomados.
( ) Há dois sentidos pelos quais podemos interpretar as Escrituras: literal (ao pé da letra) e popular (comum ou usual).
( ) A linguagem figurada da Bíblia se deriva especialmente dos aspectos físicos da Terra Santa, das instituições religiosas de Israel, da história do antigo povo de Deus e da vida cotidiana e dos costumes dos vários povos que ocupam lugar importante na Bíblia.

Falando da interpretação de expressões no hebraico, é importante salientar que:
( ) A Bíblia foi escrita em grande parte no ambiente cultural dos hebreus. Isso pode ser percebido por meio da linguagem e do modo de expressar alguns pensamentos.
( ) A Bíblia contém apenas algumas passagens em hebraico devido à influência dos babilônicos no período do cativeiro.
( ) Uma característica de expressões comuns aos hebreus é o uso frequente do nome dos pais para designar os povos vizinhos.

Falando da interpretação de expressões no grego, devemos enfatizar que:
( ) Os termos gregos presentes na Bíblia Sagrada são características dos costumes hebreus que foram preservados desde Abraão.
( ) Os escritores do Novo Testamento utilizaram termos próprios do modo de pensar grego, com isso a mensagem do Evangelho tornou-se compreensível a todas as pessoas da época.
( ) Inicialmente os textos da Antiga Aliança foram lidos e interpretados pelos gregos.

Capítulo 2
Os Símbolos e as Tipologias na Bíblia Sagrada

Coloque (V) para verdadeiro e (F) para falso.
( ) A diferença entre os símbolos e os tipos é que os símbolos são meramente imagens figurativas alegóricas e não reais. Já a tipologia são instituições, eventos, pessoas, cerimônias ou eventos que representam uma realidade futura designada por Deus.
( ) O uso dos símbolos é frequente nas Escrituras Sagradas, por isso as passagens bíblicas em que eles aparecem devem ter uma aplicação literal.
( ) É importante enfatizar que os objetos, eventos, nomes, países que são simbólicos numa passagem bíblica, sempre são simbólicos em outras passagens.
( ) O leitor da Bíblia precisa saber que nem todos os objetos retratados em visões, como no caso dos profetas Jeremias e Ezequiel, são simbólicos.
( ) Os nomes simbólicos na Bíblia geralmente se dão por meio de características ou atribuições da pessoa, lugar ou objeto.
( ) A tipologia baseia-se na suposição de que há um padrão na obra de Deus através da história da salvação.
( ) Um intérprete cuidadoso deve enxergar em todas as instituições mencionadas nos textos sagradas tipos de realidades futuras.
( ) Um cuidado importante que o leitor deve ter é que os tipos não podem servir de base para as doutrinas fundamentais da fé Cristã.

Capítulo 3
O Uso de Provérbios e Parábolas na Bíblia

Assinale com (X) a alternativa correta.
Quando falamos dos provérbios na Bíblia, devemos enfatizar que:
( ) Os provérbios são textos longos que se interessam pela vida em comunidade.
( ) O foco geral do livro de Provérbios é o aspecto moral da Lei.
( ) Infelizmente no Novo Testamento não podemos observar provérbios.
( ) Falando do ponto de vista interpretativo, o leitor deve reconhecer que, devido à sua forma extensa, os provérbios têm, em geral, vários pontos de comparação ou princípios de verdade para comunicar.

Quanto às parábolas na Bíblia, precisamos saber que:
( ) A parábola indica o método figurativo de linguagem, em que uma verdade moral ou espiritual é ilustrada por analogia à experiência comum.
( ) Um aspecto que merece destaque é o fato de a parábola não distinguir os dois elementos da comparação e sempre atribuir as qualidades e relações de um ao outro.
( ) Lamentavelmente, as parábolas não podem deixar uma impressão duradoura e, com isso, não são mais efetivas do que um discurso comum.
( ) O cuidado básico que o intérprete deve tomar ao ler as parábolas é sempre lembrar que parábola e alegoria são a mesma coisa.

Capítulo 4
As Figuras de Retórica na Linguagem Bíblica

Associe a segunda coluna de acordo com a primeira.

1- Símiles
2- Metonímias
3- Metáforas
4- Alegoria
5- Paradoxo
6- Sinédoque

( ) Esta figura é usada quando se toma a parte pelo todo ou o todo pela parte, o plural pelo singular, o gênero pela espécie, ou vice-versa.
( ) Esta é uma figura que estabelece uma semelhança ou comparação entre dois elementos de forma clara.
( ) Esta figura de linguagem refere-se a declarações e proposições opostas à opinião comum; uma aparente contradição de palavras.
( ) Esta figura indica alguma semelhança entre dois objetos, que possuem alguns dos mesmos elementos, sejam eles coisas reais, elementos simbólicos ou tipos.
( ) Esta figura é usada quando se emprega a causa pelo efeito, ou o sinal ou símbolo pela realidade que indica o símbolo.
( ) Esta figura pode ser entendida como uma metáfora ampliada e geralmente tem diversos pontos de comparação, não concentrados em torno de um foco apenas.

Referências Bibliográficas

BENTHO, Esdras Costa. **Hermenêutica Fácil e Descomplicada.** Rio de Janeiro: CPAD, 2002.

BERKHOF, Louis. **Princípios de Interpretação Bíblica.** Rio de Janeiro: JUERP, 4ª Edição, 1988.

BÍBLIA. Português. **Bíblia Sagrada. Traduzida em Português por João Ferreira de Almeida. Revista e Corrigida.** Ed. 1995. São Paulo: Sociedade Bíblica do Brasil, 1995.

BÍBLIA. Português. **Bíblia de Estudo NVI. Nova Versão Internacional.** São Paulo: Editora Vida, 2001

BOST, Bryan Jay e PESTANA, Álvaro César. **Do Texto à Paráfrase: Como Estudar a Bíblia.** São Paulo: Vida Cristã, 1992.

BRUGGEN, Jakob Van. **Para Ler a Bíblia.** São Paulo: Cultura Cristã, 2001.

CARSON, Donald A. **A Exegese e suas Falácias – Perigos de Interpretação Bíblica.** Trad. Valéria Fontana. São Paulo: Vida Nova, 1999.

FEE, Gordon D., STUART Douglas. **Entendes o que Lês?**. São Paulo: Sociedade Religiosa Edições Vida Nova, 1986.

GEORGE, Timoth. **Teologia dos Reformadores**. São Paulo: Vida Nova, 1993.

CRISTOPHER, Hall A. **Lendo as Escrituras com os Pais da Igreja**. 2ª Ed. Viçosa: Ultimato 2007.

LOPES, Augustus Nicodemos. **A Bíblia e seus Intérpretes**. São Paulo: Cultura Cristã, 2004.

OLSON, Roger. **História da Teologia Cristã: 2000 anos de Tradição e Reformas**. São Paulo: Editora Vida, 2001.

SILVA, Moisés e KAISER, Walter. **Introdução à Hermenêutica Bíblica**. São Paulo: Cultura Cristã, 2002.

VIRKLER, Henry A. **Hermenêutica: Princípios e Processos de Interpretação Bíblica**. São Paulo: Vida, 1992.

ZUCK, Roy B. **A Interpretação Bíblica: Meios de Descobrir a Verdade da Bíblia**. São Paulo: Vida Nova, 1994